卞尺丹几乙し丹卞と

Translated Language Learning

The Country of the Blind

Körler Ülkesi

H.G. Wells

English / Türkçe

Copyright © 2023 Tranzlaty
All rights reserved.
Published by Tranzlaty
ISBN: 978-1-83566-204-5
Original text by H.G. Wells
The Country of the Blind
First published in English in 1904
www.tranzlaty.com

The Country of the Blind
Körler Ülkesi

Three hundred miles and more from Chimborazo
Chimborazo'dan üç yüz mil ve daha fazlası
one hundred miles from the snows of Cotopaxi
Cotopaxi'nin karlarından yüz mil uzakta
in the wildest wastes of Ecuador's Andes
Ekvador'un And Dağları'nın en vahşi atıklarında
cut off from all the world of men
İnsanların tüm dünyasından kopuk
there lies the mysterious mountain valley
Orada gizemli dağ vadisi yatıyor;
the Country of the Blind
Körler Ülkesi
Long years ago, that valley was open to the world
Uzun yıllar önce, o vadi dünyaya açıktı
men came through frightful gorges and over an icy pass
İnsanlar korkunç geçitlerden ve buzlu bir geçitten geçtiler
from there they could get into the valley's equable meadows
oradan vadinin eşit çayırlarına girebilirlerdi
and men did indeed come to the valley this way
ve insanlar gerçekten de vadiye bu şekilde geldiler
some families of Peruvian half-breeds came
Perulu yarı ırkların bazı aileleri geldi
they were fleeing from the tyranny of an evil Spanish ruler
kötü bir İspanyol hükümdarının tiranlığından kaçıyorlardı
Then came the stupendous outbreak of Mindobamba
Sonra muazzam Mindobamba salgını geldi
it was night in Quito for seventeen days
on yedi gün boyunca Quito'da geceydi
and the water was boiling at Yaguachi
ve Yaguachi'de su kaynıyordu
the fish were dying as far as Guayaquil
balıklar Guayaquil'e kadar ölüyordu
everywhere along the Pacific slopes there were land-slips

Pasifik yamaçlarında her yerde toprak kaymaları vardı
and there was swift thawings and sudden floods
ve hızlı çözülmeler ve ani seller vardı
one whole side of the old Arauca crest slipped
Eski Arauca armasının bir tarafı kaymıştı
it all came down in a thunderous moment
her şey gök gürültülü bir anda aşağı indi
this cut off access to the Country of the Blind for ever
bu, Körler Ülkesi'ne erişimi sonsuza dek kesti
the exploring feet of men wondered that way no more
İnsanların keşfeden ayakları artık bu şekilde merak etmiyordu
But one of these early settlers happened to be close by
Ancak bu erken yerleşimcilerden biri yakınlarda oldu
he was on the other side of the gorges that day
O gün geçitlerin öbür tarafındaydı
the day that the world had so terribly shaken itself
dünyanın kendini korkunç bir şekilde sarstığı gün
he had to forget his wife and his children
karısını ve çocuklarını unutmak zorunda kaldı
and he had to forget all his friends and possessions
ve tüm arkadaşlarını ve mallarını unutmak zorunda kaldı
and he had to start life over again
ve hayata yeniden başlamak zorunda kaldı
a new life in the lower world
Alt dünyada yeni bir yaşam
but illness and blindness took hold of him
ama hastalık ve körlük onu ele geçirdi
and he died of punishment in the mines
ve madenlerde cezadan öldü
but the story he told begot a legend
Ama anlattığı hikaye bir efsane yarattı
a legend that lingers to this day
bugüne kadar devam eden bir efsane
and it travels the length of Andes
ve And Dağları'nın uzunluğunu kat eder
He told of his reason for venturing back from that fastness

O haslıktan geri dönme sebebini anlattı
the place into which he had been carried
taşındığı yer
he had been taken to that place as a child
O yere çocukken götürülmüştü
lashed to a llama, beside a vast bale of gear
geniş bir dişli balyasının yanında bir lama'ya bağlandı
He said the valley had all that the heart of man could desire
Vadinin insan kalbinin arzu edebileceği her şeye sahip olduğunu söyledi
sweet water, pasture, an even climate
tatlı su, mera, eşit bir iklim
slopes of rich brown soil and tangles of a shrub
zengin kahverengi toprağın yamaçlarında ve bir çalının dolaşmalarında
he spoke of bushes that bore an excellent fruit
mükemmel bir meyve veren çalılardan bahsetti
on one side there were great hanging forests of pine
bir tarafta büyük asma çam ormanları vardı
the pine had held the avalanches high
çam çığları yüksekte tutmuştu
Far overhead, on three sides, there were vast cliffs
Çok yukarıda, üç tarafta, geniş kayalıklar vardı
they were of a grey-green rock
gri-yeşil bir kayadandılar
and at the top there were caps of ice
ve tepede buz kapakları vardı
but the glacier stream came not to them
ama buzul akıntısı onlara gelmedi
it flowed away by the farther slopes
daha uzak yamaçlardan akıp gitti
and only now and then huge ice masses fell
ve sadece şimdi ve sonra büyük buz kütleleri düştü
In this valley it neither rained nor snowed
Bu vadide ne yağmur yağdı ne de kar yağdı
but the abundant springs gave a rich green pasture

fakat bol pınarlar zengin yeşil bir mera verdi
their irrigation spread over all the valley space
sulamaları tüm vadi alanına yayıldı
The settlers there did well indeed
Oradaki yerleşimciler gerçekten de iyi iş çıkardılar
Their beasts did well and multiplied
Canavarları iyi iş çıkardı ve çoğaldı
only one thing marred their happiness
Tek bir şey mutluluklarını gölgeledi
And it was enough to mar their happiness greatly
Ve mutluluklarını büyük ölçüde bozmak için yeterliydi
A strange disease had come upon them
Başlarına garip bir hastalık gelmişti
it made all their children blind
bütün çocuklarını kör etti
He was sent to find some charm or antidote
Biraz cazibe veya panzehir bulmak için gönderildi
a cure against this plague of blindness
Bu körlük vebasına karşı bir çare
so he returned down the gorge
bu yüzden geçitten aşağı döndü
but not without fatigue, danger, and difficulty
ama yorgunluk, tehlike ve zorluk olmadan değil
In those days men did not think of germs
O günlerde erkekler mikropları düşünmüyorlardı
sin explained why this had happened
Günah bunun neden olduğunu açıkladı
this is what he thought too
onun da düşündüğü buydu
there was a cause for this affliction
bu sıkıntının bir nedeni vardı
the immigrants had been without a priest
Göçmenler rahipsiz kalmışlardı
they had failed to set up a shrine
bir türbe kurmayı başaramamışlardı
this should have been the first thing they did

yaptıkları ilk şey bu olmalıydı
He wanted to build a shrine
Bir türbe inşa etmek istedi
a handsome, cheap, effectual shrine
yakışıklı, ucuz, etkili bir tapınak
he wanted it to be erected in the valley
Vadide dikilmesini istedi
he wanted relics and such-like
emanetler ve benzerlerini istiyordu
he wanted potent things of faith
güçlü iman şeyleri istiyordu
he wanted blessed objects and mysterious medals
Kutsanmış nesneler ve gizemli madalyalar istiyordu
and he felt they needed prayers
ve duaya ihtiyaçları olduğunu hissetti
In his wallet he had a bar of silver
Cüzdanında gümüş bir külçe vardı
but he would not say from where it was
ama nereden geldiğini söylemezdi
he insisted there was no silver in the valley
Vadide gümüş olmadığında ısrar etti
and he had the insistence of an inexpert liar
ve uzman olmayan bir yalancının ısrarına sahipti
They had collected their money and ornaments
Paralarını ve süs eşyalarını toplamışlardı
he said they had little need for such treasure
Böyle bir hazineye çok az ihtiyaçları olduğunu söyledi
he told them he would buy them holy help
Onlara kutsal yardım alacağını söyledi
even though this was against their will
bu onların iradesine aykırı olsa bile
he was sunburnt, gaunt, and anxious
güneş yanığı, gösterişli ve endişeliydi
he was unused to the ways of the lower world
alt dünyanın yollarına alışkın değildi
clutching his hat feverishly he told his story

Şapkasını ateşli bir şekilde kavrayarak hikayesini anlattı
he told his story to some keen-eyed priest
Hikayesini keskin gözlü bir rahibe anlattı
he secured some holy remedies
bazı kutsal çareler temin etti
blessed water, statues, crosses and prayer books
Kutsanmış su, heykeller, haçlar ve dua kitapları
and he sought to return and save his people
ve geri dönüp halkını kurtarmaya çalıştı
he came to the where the gorge had been
Geçidin bulunduğu yere geldi
but in front of him was a mass of fallen stone
ama önünde düşmüş bir taş kütlesi vardı
imagine his infinite dismay
Onun sonsuz dehşetini hayal edin
he had been expelled by nature from his land
doğası gereği ülkesinden kovulmuştu
But the rest of his story of mischances is lost
Ancak şanssızlık hikayesinin geri kalanı kaybolur
all we know of is his evil death after several years
Tek bildiğimiz, birkaç yıl sonra onun kötü ölümüdür
a poor stray from that remoteness!
o uzaklıktan sapmış zavallı bir adam!
The stream that had once made the gorge diverted
Bir zamanlar geçidi yapan dere yön değiştirdi
now it bursts from the mouth of a rocky cave
şimdi kayalık bir mağaranın ağzından patlıyor
and the legend of his story took on its own life
ve hikayesinin efsanesi kendi hayatını üstlendi
it developed into the legend one may still hear today
bugün hala duyulabilecek bir efsaneye dönüştü
a race of blind men "somewhere over there"
"şurada bir yerlerde" kör adamlardan oluşan bir ırk
the little population was now isolated
küçük nüfus artık izole edilmişti
the valley was forgotten by the outside world

Vadi dış dünya tarafından unutulmuştu
and their disease ran its course
ve hastalıkları seyrini sürdürdü
The old had to grope to find their way
Yaşlılar yollarını bulmak için el yordamıyla ilerlemek zorunda kaldılar
the young could see a little, but dimly
Gençler birazcık görebiliyordu, ama loş
and the newborns never saw at all
ve yenidoğanlar hiç görmediler
But life was very easy in the valley
Ama vadide hayat çok kolaydı
there were neither thorns nor briars
ne dikenler ne de briarlar vardı
there were no evil insects in the land
Ülkede kötü böcekler yoktu
and there were no dangerous beasts
ve tehlikeli canavarlar yoktu
a gentle breed of llamas grazed the valley
nazik bir lamalar cinsi vadiyi otlattı
those that could see had become purblind gradually
görebilenler yavaş yavaş kör olmuşlardı
so their loss was scarcely noticed
bu yüzden kayıpları neredeyse hiç fark edilmedi
The elders guided the sightless youngsters
Yaşlılar görmeyen gençlere rehberlik etti
and the young soon knew the whole valley marvellously
ve gençler çok geçmeden tüm vadiyi muhteşem bir şekilde tanıdılar
even when the last sight died out, the race lived on
Son görüş söndüğünde bile, yarış yaşamaya devam etti
There had been enough time to adapt
Uyum sağlamak için yeterli zaman vardı
they learned the control of fire
Ateşin kontrolünü öğrendiler
they carefully put it in stoves of stone

dikkatlice taş sobalara koydular
at first they were a simple strain of people
İlk başta basit bir insan türüydüler
they had never had books or writing
hiç kitapları ya da yazıları olmamıştı
and they were only slightly touched by Spanish civilisation
ve İspanyol uygarlığından sadece biraz etkilendiler
although they had some of the Peruvian traditions and arts
Peru gelenek ve sanatlarından bazılarına sahip olmalarına rağmen
and they kept some of those philosophies alive
ve bu felsefelerin bazılarını canlı tuttular
Generation followed generation
Nesil takip eden nesil
They forgot many things from the world
Dünyadan birçok şeyi unuttular
but they also devised many new things
Ama aynı zamanda birçok yeni şey tasarladılar
the greater world they came from became mythical
geldikleri daha büyük dünya efsanevi oldu
colours and details were uncertain
renkler ve detaylar belirsizdi
and reference to sight became a metaphor
ve görmeye gönderme bir metafor haline geldi
In all things apart from sight they were strong and able
Görme dışında her şeyde güçlü ve yetenekliydiler
occasionally one with an original mind was born to them
Bazen orijinal bir zihne sahip biri onlara doğardı
someone who could talk and persuade
konuşabilen ve ikna edebilen biri
These passed away, leaving their effects
Bunlar etkilerini bırakarak vefat ettiler
and the little community grew in numbers
ve küçük topluluk sayıca büyüdü
and their understanding of their world grew
ve dünyaları hakkındaki anlayışları büyüdü

and they settled social and economic problems that arose
ve ortaya çıkan sosyal ve ekonomik sorunları çözdüler
Generations followed more generations
Nesiller daha fazla nesli takip etti
fifteen generations had passed since that ancestor left
Bu atanın gitmesinden bu yana on beş nesil geçmişti
the ancestor who took the bar of silver
gümüş külçeyi alan ata;
the ancestor who went to find God's aid
Tanrı'nın yardımını bulmaya giden ata;
the ancestor who never returned to the valley
vadiye asla geri dönmeyen ata;
but fifteen generations later a new man came
ama on beş nesil sonra yeni bir adam geldi
a man from the outside world
dış dünyadan bir adam
a man who happened to find the valley of the blind
körler vadisini bulan bir adam
this is the story of that man
bu adamın hikayesi

He was a mountaineer from the country near Quito
Quito yakınlarındaki ülkeden bir dağcıydı
a man who had been down to the sea
denize inmiş bir adam
a man who had seen the world
dünyayı görmüş bir adam
a reader of books in an original way
özgün bir şekilde kitap okuyucusu
an acute and enterprising man
Akut ve girişimci bir adam
he had been taken on by a party of Englishmen
İngilizlerden oluşan bir grup tarafından ele geçirilmişti
they had come out to Ecuador to climb mountains
dağlara tırmanmak için Ekvador'a gelmişlerdi
he replaced one of their guides who had fallen ill

Hastalanan rehberlerinden birinin yerini aldı
He had climbed many mountains of the world
Dünyanın birçok dağına tırmanmıştı
and then came the attempt at Mount Parascotopetl
ve sonra Parascotopetl Dağı'ndaki girişim geldi
this was the Matterhorn of the Andes
burası And Dağları'nın Matterhorn'uydu
here he was lost to the outer world
burada dış dünyaya kayboldu
The story of that accident has been written a dozen times
Bu kazanın hikayesi bir düzine kez yazıldı
Pointer's narrative is the best account of events
Pointer'ın anlatımı, olayların en iyi anlatımıdır
He tells about the small group of mountaineers
Küçük dağcı grubunu anlatıyor
he describes their difficult and almost vertical way up
Onların zor ve neredeyse dikey yukarı doğru yollarını anlatıyor
to the very foot of the last and greatest precipice
son ve en büyük uçurumun en dibine kadar
his account tells of how they built a night shelter
Anlattıkları, nasıl bir gece barınağı inşa ettiklerini anlatıyor;
amidst the snow upon a little shelf of rock
küçük bir kaya rafının üzerinde karların ortasında
he tells the story with a touch of real dramatic power
Hikayeyi gerçek bir dramatik güç dokunuşuyla anlatıyor
Nunez had gone from them in the night
Nunez gece onlardan gitmişti
They shouted, but there was no reply
Bağırdılar ama cevap gelmedi
and for the rest of that night they slept no more
ve o gecenin geri kalanında artık uyumuyorlardı
As the morning broke they saw the traces of his fall
Sabah olunca düşüşünün izlerini gördüler
It seems impossible he could have uttered a sound
Bir ses çıkarması imkansız görünüyor

He had slipped eastward
Doğuya doğru kaymıştı
towards the unknown side of the mountain
Dağın bilinmeyen tarafına doğru
far below he had struck a steep slope of snow
Çok aşağıda, dik bir kar yamacına çarpmıştı
and he must have tumbled all the way down it
ve o da aşağı doğru yuvarlanmış olmalıydı
in the midst of a snow avalanche
kar çığının ortasında
His track went straight to the edge of a frightful precipice
İzi doğrudan korkunç bir uçurumun kenarına gitti
and beyond that everything was hidden
ve bunun ötesinde her şey gizliydi
Far below, and hazy with distance, they could see trees rising
Çok aşağıda ve mesafe ile puslu, ağaçların yükseldiğini görebiliyorlardı
out of a narrow, shut-in valley
dar, kapalı bir vadinin dışında
the lost Country of the Blind
Körlerin kayıp ülkesi
But they did not know it was the Country of the Blind
Ama buranın Körler Ülkesi olduğunu bilmiyorlardı
they could not distinguish it from any other narrow valley
onu diğer dar vadilerden ayırt edemediler
Unnerved by this disaster, they abandoned their attempt
Bu felaketten dolayı sinirlenerek, girişimlerinden vazgeçtiler
and Pointer was called away to the war
ve Pointer savaşa çağrıldı
later he did make another attempt at the mountain
Daha sonra dağda başka bir girişimde bulundu
To this day Parascotopetl lifts an unconquered crest
Bu güne kadar Parascotopetl fethedilmemiş bir tepeyi kaldırıyor
and Pointer's shelter crumbles unvisited, amidst the snows

ve Pointer'ın barınağı karların ortasında ziyaret edilmeden parçalanır
And the man who fell survived...
Ve düşen adam hayatta kaldı...

At the end of the slope he fell a thousand feet
Yamacın sonunda bin feet düştü
he came down in the midst of a cloud of snow
bir kar bulutunun ortasında aşağı indi
he landed on a snow-slope even steeper than the one above
yukarıdakinden bile daha dik bir kar yamacına indi
Down this slope he was whirled
Bu yamaçtan aşağı doğru kıvrıldı
the fall stunned him and he lost consciousness
Düşüş onu sersemletti ve bilincini kaybetti
but not a bone in his body was broken
ama vücudundaki tek bir kemik bile kırılmamıştı
finally, he fell down the gentler slopes
Sonunda, daha yumuşak yamaçlardan aşağı düştü
and at last he laid still
ve sonunda hareketsiz yatıyordu
he was buried amidst a softening heap of the white snow
Yumuşayan beyaz kar yığınının ortasına gömüldü
the snow that had accompanied and saved him
ona eşlik eden ve onu kurtaran kar
He came to himself with a dim fancy that he was ill in bed
Yatakta hasta olduğuna dair loş bir fanteziyle kendine geldi
then he realized what had happened
Sonra ne olduğunu anladı
with a mountaineer's intelligence he worked himself loose
Bir dağcının zekasıyla kendini gevşek bir şekilde çalıştırdı
from the snow he saw the stars
kardan yıldızları gördü
He rested flat upon his chest
Göğsüne yaslandı
he wondered where he was

nerede olduğunu merak etti
and he wondered what had happened to him
ve ona ne olduğunu merak etti
He explored his limbs to check for damage
Hasarı kontrol etmek için uzuvlarını araştırdı
he discovered that several of his buttons were gone
birkaç düğmesinin gittiğini keşfetti
and his coat was turned over his head
ve paltosu başının üzerine çevrildi
His knife had gone from his pocket
Bıçağı cebinden çıkmıştı
and his hat was lost too
ve şapkası da kaybolmuştu
even though he had tied it under his chin
çenesinin altına bağlamış olmasına rağmen
He recalled that he had been looking for loose stones
Gevşek taşlar aradığını hatırladı
he wanted to raise his part of the shelter wall
Sığınak duvarının kendi kısmını yükseltmek istedi
He realized he must have fallen
Düşmüş olması gerektiğini fark etti
and he looked up to see how far he had fallen
ve ne kadar uzağa düştüğünü görmek için yukarı baktı
the cliff was exaggerated by the ghastly light of the rising moon
uçurum, yükselen ayın korkunç ışığıyla abartıldı
the fall he had taken was tremendous
Aldığı düşüş muazzamdı
For a while he lay without moving
Bir süre kımıldamadan yattı
he gazed blankly at the vast, pale cliff
Uçsuz bucaksız, solgun uçuruma boş boş baktı
the mountain towered above him
Dağ onun üzerinde yükseldi
each moment it looked like it kept rising
Her an yükselmeye devam ediyor gibi görünüyordu

rising out of a subsiding tide of darkness
karanlığın çökmekte olan gelgitinden yükseliyor
Its phantasmal, mysterious beauty held him
Hayali, gizemli güzelliği onu tuttu
and then he was seized with sobbing laughter
ve sonra hıçkıra hıçkıra gülerek yakalandı
After a great interval of time he became more aware
Büyük bir zaman aralığından sonra daha bilinçli hale geldi
he was laying near the lower edge of the snow
karın alt kenarına yakın bir yerde yatıyordu
Below him the slope looked less steep
Onun altında yamaç daha az dik görünüyordu
he saw the dark and broken appearance of rock-strewn turf
Kayalarla kaplı çimlerin karanlık ve kırık görünümünü gördü
He struggled to his feet, aching in every joint
Ayağa kalkmaya çalıştı, her eklemi ağrıyordu
he got down painfully from the heaped loose snow
Yığılmış gevşek kardan acı içinde indi
and he went downward until he was on the turf
ve çimin üzerinde olana kadar aşağı doğru gitti
there he dropped beside a boulder
orada bir kayanın yanına düştü
he drank from the flask in his inner pocket
İç cebindeki şişeden içti
and he instantly fell asleep
ve anında uykuya daldı

He was awakened by the singing of birds
Kuşların ötüşüyle uyandı
they were in the trees far below
çok aşağıdaki ağaçlardaydılar
He sat up and perceived he was on a little alp
Oturdu ve küçük bir alp üzerinde olduğunu algıladı
at the foot of a vast precipice
uçsuz bucaksız bir uçurumun dibinde
a precipice that sloped only a little in the gully

olukta sadece biraz eğimli bir uçurum
the path down which he and his snow had come
onun ve karının geldiği yol
against him another wall of rock reared itself against the sky
Ona karşı başka bir kaya duvarı gökyüzüne doğru yükseldi
The gorge between these precipices ran east and west
Bu uçurumlar arasındaki geçit doğuya ve batıya doğru uzanıyordu
and it was full of the morning sunlight
ve sabah güneş ışığıyla doluydu
the sunlight lit the westward mass of fallen mountain
Güneş ışığı Düşmüş Dağın batıya doğru olan kütlesini aydınlattı
he could see it closed the descending gorge
alçalan geçidi kapattığını görebiliyordu
Below there was a precipice equally steep
Aşağıda eşit derecede dik bir uçurum vardı
behind the snow in the gully he found a sort of chimney-cleft
deredeki karların arkasında bir çeşit baca yarığı buldu
it was dripping with snow-water
kar suyuyla damlıyordu
a desperate man might be able to venture it
çaresiz bir adam buna cesaret edebilir
He found it easier than it seemed
Göründüğünden daha kolay buldu
and at last he came to another desolate alp
Ve sonunda başka bir ıssız Alp'e geldi
there was a rock climb of no particular difficulty
Belirli bir zorluğu olmayan bir kaya tırmanışı vardı
and he reached a steep slope of trees
ve ağaçların dik bir yamacına ulaştı
from here he was able to get his bearings
buradan yataklarını alabildi
he turned his face up the gorge
Yüzünü geçitte yukarı çevirdi

he saw it opened into green meadows
yeşil çayırlara açıldığını gördü
there he saw quite distinctly the glimmer of some stone huts
Orada bazı taş kulübelerin parıltısını oldukça belirgin bir şekilde gördü
although the huts looked very strange
kulübeler çok garip görünse de
even from a distance they didn't look like normal huts
uzaktan bile normal kulübelere benzemiyorlardı
At times his progress was like clambering along the face of a wall
Zaman zaman ilerlemesi bir duvarın yüzü boyunca kıvrılmak gibiydi
and after a time the rising sun ceased to strike along the gorge
ve bir süre sonra yükselen güneş geçit boyunca vurmayı bıraktı
the voices of the singing birds died away
Şarkı söyleyen kuşların sesleri öldü
and the air grew cold and dark
Ve hava soğudu ve karardı
But the distant valley with its houses got brighter
Ama evleriyle birlikte uzak vadi daha da aydınlandı
He came to the edge of another cliff
Başka bir uçurumun kenarına geldi
he was an observant man
gözlemci bir adamdı
among the rocks he noted an unfamiliar fern
Kayaların arasında yabancı bir eğrelti otu kaydetti
it seemed to clutch out of the crevices with intense green hands
Yoğun yeşil ellerle çatlaklardan dışarı fırlamış gibiydi
He picked some of these new plants
Bu yeni bitkilerden bazılarını seçti
and he gnawed their stalks
ve saplarını kemirdi

they gave him strength and energy
ona güç ve enerji verdiler

About midday he came out of the throat of the gorge
Öğlene doğru vadinin boğazından çıktı
and he came into the plain of the valley
ve vadinin ovasına geldi
here he was in the sunlight again
burada yine güneş ışığındaydı
He was stiff and weary
Sert ve yorgundu
he sat down in the shadow of a rock
bir kayanın gölgesine oturdu
he filled up his flask with water from a spring
Şişesini bir kaynaktan gelen suyla doldurdu
and he drank the spring water
ve kaynak suyunu içti
he remained where he was for some time
bir süre olduğu yerde kaldı
before going to the houses he had decided to rest
Evlere gitmeden önce dinlenmeye karar vermişti
They were very strange to his eyes
Gözlerine çok gariptiler
the more he looked around, the stranger the valley seemed
Etrafına ne kadar çok bakarsa, vadi o kadar yabancı görünüyordu
The greater part of its surface was lush green meadow
Yüzeyinin büyük kısmı yemyeşil çayırdı
it was starred with many beautiful flowers
birçok güzel çiçekle yıldızlaştı
extraordinary care had been taken for the irrigation
Sulama için olağanüstü özen gösterilmişti
and there was evidence of systematic cropping
ve sistematik kırpma kanıtı vardı
High up around the valley was a wall
Vadinin yukarısında bir duvar vardı

there also appeared to be a circumferential water channel
Ayrıca çevresel bir su kanalı olduğu ortaya çıktı
the little trickles of water fed the meadow plants
küçük su damlacıkları çayır bitkilerini besledi
on the higher slopes above this were flocks of llamas
Bunun üzerindeki yüksek yamaçlarda lama sürüleri vardı
they cropped the scanty herbage
Yetersiz otları kırptılar
there were some shelters for the llamas
lamalar için bazı barınaklar vardı
they had been built against the boundary wall
sınır duvarına karşı inşa edilmişlerdi
The irrigation streams ran together into a main channel
Sulama akarsuları birlikte bir ana kanala akıyordu
these ran down the centre of the valley
bunlar vadinin merkezine doğru akıyordu
and this was enclosed on either side by a wall chest high
ve bu her iki tarafa da yüksek bir duvar göğsü ile çevriliydi
This gave an urban quality to this secluded place
Bu, bu tenha yere kentsel bir nitelik kazandırdı
a number of paths were paved with black and white stones
Bir dizi yol siyah beyaz taşlarla döşenmiştir
and the paths had a strange kerb at the side
ve yolların yanında garip bir kaldırım vardı
this made it seem even more urban
bu da onu daha da şehirli gösteriyordu
The houses of the central village were not randomly arranged
Merkez köyün evleri rastgele düzenlenmemiştir
they stood in a continuous row
sürekli bir sıra halinde durdular
and they were on both sides of the central street
ve merkez caddenin her iki tarafındaydılar
here and there the odd walls were pierced by a door
Orada burada garip duvarlar bir kapı tarafından delinmişti
but there was not a single window to be seen

ama görülecek tek bir pencere bile yoktu
They were coloured with extraordinary irregularity
Olağanüstü bir düzensizlikle renklendirilmişlerdi
they had been smeared with a sort of plaster
bir çeşit sıva ile bulaşmışlardı
sometimes it was grey, sometimes drab
bazen gri, bazen de kasvetliydi
sometimes it was slate-coloured
bazen kayrak rengindeydi
at other times it was dark brown
diğer zamanlarda koyu kahverengiydi
it was the wild plastering that first elicited the word blind
kör kelimesini ilk ortaya çıkaran vahşi sıvaydı
"whoever did this must have been as blind as a bat"
"Bunu kim yaptıysa yarasa kadar kör olmalıydı"
but also notable was their astonishing cleanness
ama aynı zamanda şaşırtıcı temizlikleri de dikkat çekiciydi
He descended down a steep place
Sarp bir yerden aşağı indi
and so he came to the wall
Ve böylece duvara geldi
this wall led the water around the valley
Bu duvar vadinin etrafındaki suyu yönlendirdi
and it ended near the bottom of the village
ve köyün dibine yakın bir yerde sona erdi

He could now see a number of men and women
Artık birkaç erkek ve kadın görebiliyordu
they were resting on piled heaps of grass
yığılmış ot yığınlarının üzerinde dinleniyorlardı
they seemed to be taking a siesta
Bir siesta alıyor gibiydiler
in the remoter part there were a number of children
Uzak kısımda birkaç çocuk vardı
and then, nearer to him, there were three men
ve sonra, ona daha yakın, üç adam vardı

they were carrying pails along a little path
küçük bir yol boyunca kovalar taşıyorlardı
the paths ran from the wall towards the houses
Yollar duvardan evlere doğru uzanıyordu
The men were clad in garments of llama cloth
Adamlar lama kumaşından giysilerle kaplıydı
and their boots and belts were of leather
botları ve kemerleri deriden yapılmıştı
and they wore caps of cloth
ve kumaştan şapkalar taktılar
They followed one another in single file
Tek dosyada birbirlerini takip ettiler
they yawned as they slowly walked
yavaşça yürürken esnediler
like men who have been up all night
bütün gece uyanık olan erkekler gibi
Their movement seemed prosperous and respectable
Hareketleri müreffeh ve saygın görünüyordu
Nunez only hesitated for a moment
Nunez sadece bir an tereddüt etti
and then he came out from behind his rock
ve sonra kayasının arkasından çıktı
he gave vent to a mighty shout
güçlü bir bağırışa havalandırdı
and his voice echoed round the valley
ve sesi vadinin etrafında yankılandı
The three men stopped and moved their heads
Üç adam durdu ve başlarını hareket ettirdi
They seemed to be looking around
Etrafa bakıyor gibiydiler
They turned their faces this way and that way
Yüzlerini şu ya da bu şekilde çevirdiler
and Nunez gesticulated wildly
ve Nunez çılgınca jest yaptı
But they did not appear to see him
Ama onu görüyor gibi görünmüyorlardı

despite all his waving and gestures
tüm el sallamalarına ve jestlerine rağmen
eventually they stood themselves towards the mountains
Sonunda kendilerini dağlara doğru durdular
these were far away to the right
bunlar çok sağdaydı
and they shouted as if they were answering
ve cevap veriyormuş gibi bağırdılar
Nunez bawled again, and he gestured ineffectually
Nunez tekrar bağırdı ve etkisiz bir şekilde işaret etti
"The fools must be blind," he said
"Aptallar kör olmalı," dedi
all the shouting and waving didn't help
Tüm bağırışlar ve el sallamalar yardımcı olmadı
so Nunez crossed the stream by a little bridge
Bu yüzden Nunez dereyi küçük bir köprüyle geçti
he came through a gate in the wall
duvardaki bir kapıdan geldi
and he approached them directly
ve onlara doğrudan yaklaştı
he was sure that they were blind
kör olduklarından emindi
he was sure that this was the Country of the Blind
buranın Körler Ülkesi olduğundan emindi
the country of which the legends told
efsanelerin anlattığı ülke
he had a sense of great adventure
büyük bir macera duygusu vardı

The three stood side by side
Üçü yan yana durdu
but they did not look at him
ama ona bakmadılar
however, their ears were directed towards him
ancak kulakları ona dönüktü
they judged him by his unfamiliar steps

onu bilmediği adımlarıyla yargıladılar
They stood close together, like men a little afraid
Birbirine yakın duruyorlardı, sanki biraz korkmuş erkekler gibi.
and he could see their eyelids were closed and sunken
ve göz kapaklarının kapalı ve batmış olduğunu görebiliyordu
as though the very balls beneath had shrunk away
sanki alttaki toplar küçülmüş gibi
There was an expression near awe on their faces
Yüzlerinde huşu içinde bir ifade vardı
"A man," one said to the others
"Bir adam," dedi biri diğerlerine
Nunez hardly recognized the Spanish
Nunez İspanyolları neredeyse hiç tanımıyordu
"A man it is. Or it a spirit"
"Bu bir adam. Ya da o bir ruh"
"he come down from the rocks"
"kayalardan aşağı iniyor"
Nunez advanced with the confident steps
Nunez emin adımlarla ilerledi
like a youth who enters upon life
hayata giren bir gençlik gibi
All the old stories of the lost valley
Kayıp vadinin tüm eski hikayeleri
all the stories of the Country of the Blind
Körler Ülkesi'nin tüm hikayeleri
it all come back to his mind
hepsi aklına geri dönüyor
and through his thoughts ran an old proverb
ve düşünceleri aracılığıyla eski bir atasözü koştu
"In the Country of the Blind..."
"Körler Ülkesinde..."
"...the One-Eyed Man is King"
"... Tek Gözlü Adam Kraldır."
"In the Country of the Blind the One-Eyed Man is King"
"Körler Ülkesinde Tek Gözlü Adam Kraldır"

very civilly he gave them greeting
Çok medeni bir şekilde onlara selam verdi
He talked to them and used his eyes
Onlarla konuştu ve gözlerini kullandı
"Where does he come from, brother Pedro?" asked one
"Nereden geliyor, kardeş Pedro?" diye sordu biri
"from out of the rocks"
"kayaların dışından"
"I come from over the mountains," said Nunez
"Dağların üstünden geliyorum," dedi Nunez
"I'm from the country where where men can see"
"Erkeklerin görebileceği bir ülkedenim"
"I'm from a place near Bogota"
"Bogota yakınlarındaki bir yerdenim"
"there there are hundreds of thousands of people"
"Orada yüz binlerce insan var"
"the city is so big it goes over the horizon"
"Şehir o kadar büyük ki ufukta dolaşıyor"
"Sight?" muttered Pedro
"Görüyor musun?" diye mırıldandı Pedro
"He comes out of the rocks," said the second blind man
"Kayalardan çıkıyor," dedi ikinci kör adam
The cloth of their coats was curiously fashioned
Paltolarının kumaşı ilginç bir şekilde şekillendirilmişti
each patch was of a different sort of stitching
her yama farklı bir dikiş türündeydi
They startled him by a simultaneous movement towards him
Ona doğru eşzamanlı bir hareketle onu şaşırttılar
each of them had his hand outstretched
her birinin elini uzatmıştı
He stepped back from the advance of these spread fingers
Bu yayılmış parmakların ilerleyişinden geri adım attı
"Come hither," said the third blind man
"Buraya kadar gel," dedi üçüncü kör adam
and he followed Nunez' motion
ve Nunez'in hareketini izledi

he quickly had hold of him
çabucak onu yakaladı
they held Nunez and felt him over
Nunez'i tuttular ve onu hissettiler
they said no word further until they were done
işleri bitene kadar daha fazla bir şey söylemediler
"Careful!" he exclaimed, with a finger in his eye
"Dikkat!" diye bağırdı, parmağını gözlerinde tutarak
they had found a strange organ on him
üzerinde garip bir organ bulmuşlardı
"it has fluttering skin"
"çırpınan bir cilde sahip"
"it is very strange indeed"
"Gerçekten çok garip"
They went over it again
Tekrar üzerinden geçtiler
"A strange creature, Correa," said the one called Pedro
"Garip bir yaratık, Correa," dedi Pedro adında biri
"Feel the coarseness of his hair"
"Saçlarının kabalığını hisset"
"it's like a llama's hair"
"Bir lamanın saçı gibi"
"Rough he is as the rocks that begot him," said Correa
"Kaba bir şekilde, onu yaratan kayalar gibi," dedi Correa
and he investigated Nunez's unshaven chin
ve Nunez'in tıraşsız çenesini araştırdı
his hands were soft and slightly moist
elleri yumuşak ve hafif nemliydi
"Perhaps he will grow finer"
"Belki daha da inceleyecek"
Nunez tried to free himself from their examination
Nunez kendilerini sınavlarından kurtarmaya çalıştı
but they had a firm grip on him
ama ona sıkı sıkıya sarıldılar
"Careful," he said again "he speaks"
"Dikkat," dedi yine, "konuşuyor"

"we can be sure that he is a man"
"Onun bir erkek olduğundan emin olabiliriz"
"Ugh!" said Pedro, at the roughness of his coat
"Ugh!" dedi Pedro, paltosunun pürüzlülüğü karşısında
"And you have come into the world?" asked Pedro
"Ya sen dünyaya geldin?" diye sordu Pedro
"I come from the world out there"
"Dışarıdaki dünyadan geliyorum"
"I come from over mountains and glaciers"
"Dağların ve buzulların üzerinden geliyorum"
"it is half-way to the sun"
"güneşin yarısı"
"Out of the great, big world that goes down"
"Yıkılan büyük, büyük dünyanın dışında"
"twelve days' journey to the sea"
"Denize on iki günlük yolculuk"
They scarcely seemed to heed him
Ona pek aldırış etmiyor gibiydiler
"Our fathers have told us of such things"
"Babalarımız bize böyle şeyler anlattı"
"men may be made by the forces of Nature," said Correa
"İnsanlar doğanın güçleri tarafından yaratılmış olabilir," dedi Correa
"Let us lead him to the elders," said Pedro
"Onu yaşlılara götürelim," dedi Pedro
"Shout first," said Correa
"Önce bağır," dedi Correa
"the children might be afraid"
"Çocuklar korkabilir"
"This is a marvellous occasion"
"Bu harika bir fırsat"
So they shouted to the others
Bu yüzden diğerlerine bağırdılar
Pedro took Nunez by the hand
Pedro Nunez'in elinden tuttu
and he lead him to the houses

ve onu evlere götürdü
He drew his hand away
Elini çekti
"I can see," he said
"Görebiliyorum," dedi
"to see?" said Correa
"Görmek için mi?" dedi Correa
"Yes, I can see with my eyes," said Nunez
"Evet, gözlerimle görebiliyorum," dedi Nunez
and he turned towards him
ve ona doğru döndü
but he stumbled against Pedro's pail
ama Pedro'nun kovasına rastladı
"His senses are still imperfect," said the third blind man
"Duyuları hala kusurlu," dedi üçüncü kör adam
"He stumbles, and talks unmeaning words"
"Tökezliyor ve anlamsız kelimeler konuşuyor"
"Lead him by the hand"
"Onu elinden tut"
"As you will" said Nunez
"İstediğin gibi," dedi Nunez
and he was led along
ve o da yönlendirildi
but he had to laugh at the situation
Ama duruma gülmek zorunda kaldı
it seemed they knew nothing of sight
Görünüşe göre görme hakkında hiçbir şey bilmiyorlardı
"I will teach them soon enough," he thought to himself
"Onlara yakında öğreteceğim," diye düşündü kendi kendine

He heard people shouting
İnsanların bağırdığını duydu
and he saw a number of figures gathering together
ve bir dizi figürün bir araya geldiğini gördü
he saw them in the middle roadway of the village
Onları köyün orta yolunda gördü
all of it taxed his nerve and patience

Bütün bunlar onun sinirini ve sabrını zorladı
there were more than he had anticipated
beklediğinden daha fazlası vardı
this was the first encounter with the population
Bu, nüfusla ilk karşılaşmaydı
the people from the Country of the Blind
Körler Ülkesinden insanlar
The place seemed larger as he drew near to it
Oraya yaklaştıkça yer daha büyük görünüyordu
and the smeared plasterings became even queerer
ve lekeli sıvalar daha da tuhaf hale geldi
a crowd of children and men and women came around him
Etrafına çocuklardan, erkeklerden ve kadınlardan oluşan bir kalabalık geldi
they all tried to hold on to him
hepsi ona tutunmaya çalıştı
they touched him with their soft and sensitive hands
yumuşak ve hassas elleriyle ona dokundular
not surprisingly, they smelled at him too
Şaşırtıcı olmayan bir şekilde, onlar da ona kokladılar
and they listened at every word he spoke
ve konuştuğu her kelimeyi dinlediler
some of the women and girls had quite sweet faces
Bazı kadın ve kızların oldukça tatlı yüzleri vardı
even though their eyes were shut and sunken
gözleri kapalı ve batık olmasına rağmen
he thought this would make his stay more pleasant
Bunun konaklamasını daha keyifli hale getireceğini düşündü
However, some of the maidens and children kept aloof
Ancak, bazı kızlar ve çocuklar uzak durdu
they seemed to be afraid of him
ondan korkuyor gibiydiler
his voice seemed coarse and rude beside their softer notes
Sesi, yumuşak notalarının yanında kaba ve kaba görünüyordu
it is reasonable to say the crowd mobbed him
kalabalığın ona mobbing uyguladığını söylemek mantıklıdır

but his three guides kept close to him
ama üç rehberi ona yakın durdu
they had taken some pride and ownership in him
onunla biraz gurur ve sahiplenme almışlardı
again and again they said, "A wild man out of the rocks"
Tekrar tekrar, "Kayalardan vahşi bir adam" dediler.
"Bogota," he said, "Over the mountain crests"
"Bogota," dedi, "dağın tepelerinin üstünde."
"A wild man using wild words," said Pedro
"Vahşi kelimeler kullanan vahşi bir adam," dedi Pedro
"Did you hear that, Bogota?"
"Bunu duydun mu, Bogota?"
"His mind has hardly formed yet"
"Zihni henüz oluşmadı"
"He has only the beginnings of speech"
"Konuşmanın sadece başlangıcı var"
A little boy nipped his hand
Küçük bir çocuk elini sıktı
"Bogota!" he said mockingly
"Bogota!" dedi alaycı bir tavırla
"Aye! A city to your village"
"Evet! Köyüne bir şehir"
"I come from the great world"
"Büyük dünyadan geliyorum"
"the world where men have eyes and see"
"İnsanların gözlerinin olduğu ve gördüğü dünya"
"His name's Bogota," they said
"Onun adı Bogota," dediler
"He stumbled," said Correa
"Tökezledi," dedi Correa
"he stumbled twice as we came hither"
"Buraya kadar geldiğimizde iki kez tökezledi"
"bring him in to the elders"
"Onu büyüklere getir"
And they thrust him through a doorway
Ve onu bir kapıdan içeri soktular

he found himself in a room as black as pitch
kendini zifiri gibi siyah bir odada buldu
but slowly his eyes adjusted to the darkness
Ama yavaş yavaş gözleri karanlığa uyum sağladı
at the far end a fire faintly glowed
en uçta bir ateş hafifçe parladı
The crowd closed in behind him
Kalabalık arkasından içeri kapandı
and they shut out any light that could have come from outside
ve dışarıdan gelebilecek her türlü ışığı kapattılar
before he could stop himself he had fallen
Kendini durduramadan düşmüştü
he fell right into the lap of a seated man
oturmuş bir adamın kucağına düştü
and his arm struck the face of someone else
ve kolu başka birinin yüzüne çarptı
he felt the soft impact of features
özelliklerin yumuşak etkisini hissetti
and he heard a cry of anger
ve bir öfke çığlığı duydu
for a moment he struggled against a number of hands
Bir an için birkaç ele karşı mücadele etti
all of them were clutching him
hepsi ona sarılıyordu
but it was a one-sided fight
Ama bu tek taraflı bir kavgaydı
An inkling of the situation came to him
Durumun bir işareti ona geldi
and he decided to lay quiet
ve sessiz kalmaya karar verdi
"I fell down," he said
"Yere düştüm," dedi
"I couldn't see in this pitchy darkness"
"Bu zifiri karanlıkta göremedim"
There was a pause at what he had said

Söylediklerinde bir duraksama oldu
he felt unseen persons trying to understand his words
Görünmeyen insanların sözlerini anlamaya çalıştığını hissetti
Then he heard the voice of Correa
Sonra Correa'nın sesini duydu
"He is but newly formed"
"O sadece yeni oluşmuş"
"He stumbles as he walks"
"Yürürken tökezliyor"
"and his speech mingles words that mean nothing"
"ve konuşması hiçbir şey ifade etmeyen kelimeleri karıştırıyor"
Others also said things about him
Diğerleri de onun hakkında bir şeyler söyledi
they all confirmed they could not perfectly understand him
hepsi onu tam olarak anlayamadıklarını doğruladılar
"May I sit up?" he asked during a pause
"Oturabilir miyim?" diye sordu bir duraklama sırasında
"I will not struggle against you again"
"Bir daha sana karşı mücadele etmeyeceğim"
the elders consulted, and let him rise
Yaşlılar danıştılar ve yükselmesine izin verdiler
The voice of an older man began to question him
Yaşlı bir adamın sesi onu sorgulamaya başladı
again, Nunez found himself trying to explain the world
Nunez yine kendini dünyayı açıklamaya çalışırken buldu
the great world out of which he had fallen
İçinden düştüğü büyük dünya
he told them of the sky and mountains
onlara gökyüzünü ve dağları anlattı
and he tried to convey other such marvels
ve bu tür diğer mucizeleri aktarmaya çalıştı
but the elders sat in darkness
Ama yaşlılar karanlıkta oturuyorlardı
and they did not know of the Country of the Blind
ve Körler Ülkesi'ni bilmiyorlardı
if only he could show these elders

Keşke bu büyüklere gösterebilseydi
but they believed and understood nothing
ama onlar hiçbir şeye inanmadılar ve anlamadılar
whatever he told them created confusion
Onlara söylediği her şey kafa karışıklığı yarattı
it was all quite outside his expectations
hepsi beklentilerinin oldukça dışındaydı
They did not understand many of his words
Sözlerinin çoğunu anlamadılar

For generations these people had been blind
Nesiller boyunca bu insanlar kördü
and they had been cut off from all the seeing world
ve tüm gören dünyadan kopmuşlardı
the names for all the things of sight had faded and changed
Görünen her şeyin isimleri solmuş ve değişmişti
the story of the outer world had become a story
Dış dünyanın hikayesi bir hikaye haline gelmişti
his world was just something people told their children
Onun dünyası sadece insanların çocuklarına söylediği bir şeydi
and they had ceased to concern themselves with it
ve bununla ilgilenmeyi bırakmışlardı
the only thing of interest was inside the rocky slopes
İlgilenilen tek şey kayalık yamaçların içindeydi
they lived only in their circling wall
sadece dairesel duvarlarında yaşıyorlardı
Blind men of genius had arisen among them
Aralarında dahiyane kör adamlar ortaya çıkmıştı
they had questioned the old believes and traditions
Eski inanç ve gelenekleri sorgulamışlardı
and they had dismissed all these things as idle fancies
ve bütün bunları boş hayaller olarak reddetmişlerdi
they replaced them with new and saner explanations
onları yeni ve daha aklı başında açıklamalarla değiştirdiler
Much of their imagination had shrivelled with their eyes

Hayal güçlerinin çoğu gözleriyle buruşmuştu
their ears and finger-tips had gotten ever more sensitive
kulakları ve parmak uçları her zamankinden daha hassas hale gelmişti
and with these they had made themselves new imaginations
ve bunlarla kendilerine yeni hayaller kurmuşlardı

Slowly Nunez realised the situation he was in
Nunez yavaş yavaş içinde bulunduğu durumu fark etti
he could not expect any reverence for his origin
kökeni için herhangi bir saygı bekleyemezdi
his gifts were not as useful as he thought
Hediyeleri düşündüğü kadar yararlı değildi
explaining sight was not going to be easy
Görmeyi açıklamak kolay olmayacaktı
his attempts had been quite incoherent
girişimleri oldukça tutarsızdı
he was deflated from his initial excitement
İlk heyecanından sönük kalmıştı
and he subsided into listening to their instruction
ve onların talimatlarını dinlemeye başladı
the eldest of the blind men explained to him life
Kör adamların en büyüğü ona hayatı anlattı
he explained to him philosophy and religion
Ona felsefe ve dini açıkladı
he described the origins of the world
Dünyanın kökenlerini anlattı
(by this of course he meant the valley)
(bununla elbette vadiyi kastediyordu)
first it had been an empty hollow in the rocks
önce kayaların içinde boş bir oyuk olmuştu
first came inanimate things without the gift of touch
İlk önce dokunma armağanı olmadan cansız şeyler geldi
then came llamas and other creatures of little sense
Sonra lamalar ve diğer anlamsız yaratıklar geldi
when all had been put in place, men came

Her şey yerine oturtulduktan sonra erkekler geldi
and finally angels came to the world
Ve sonunda melekler dünyaya geldi
one could hear the angels singing and making fluttering sounds
Meleklerin şarkı söylediğini ve çırpınan sesler çıkardığını duyabiliyordu
but it was impossible to touch them
ama onlara dokunmak imkansızdı
this explanation first puzzled Nunez greatly
Bu açıklama önce Nunez'i çok şaşırttı
but then he thought of the birds
ama sonra kuşları düşündü
He went on to tell Nunez how time had been divided
Nunez'e zamanın nasıl bölündüğünü anlatmaya devam etti
there was the warm time and the cold time
sıcak zaman ve soğuk zaman vardı
of course these are the blind equivalents of day and night
Elbette bunlar gece ve gündüzün kör karşılıklarıdır
he told how it was good to sleep in the warm
sıcakta uyumanın ne kadar iyi olduğunu anlattı
he explained how it was better to work during the cold
Soğukta çalışmanın nasıl daha iyi olduğunu açıkladı
normally the whole town of the blind would now have been asleep
Normalde tüm körler kasabası şimdi uykuda olurdu
but this special event kept them up
ama bu özel olay onları ayakta tuttu
He said Nunez must have been specially created to learn
Nunez'in öğrenmek için özel olarak yaratılmış olması gerektiğini söyledi
and he was there to serve the wisdom they had acquired
ve onların edindiği bilgeliğe hizmet etmek için oradaydı
his mental incoherency was ignored, for the time being
Zihinsel tutarsızlığı şimdilik göz ardı edildi
and he was forgiven for his stumbling behaviour

ve tökezleyen davranışlarından dolayı affedildi
he was told to have courage in this world
Ona bu dünyada cesareti olduğu söylendi
and he was told to do his best to learn
ve öğrenmek için elinden gelenin en iyisini yapması söylendi
all the people in the doorway murmured encouragingly
kapıdaki tüm insanlar cesaret verici bir şekilde mırıldandı
He said the night was far gone
Gecenin çoktan geçtiğini söyledi
(the blind call their day night)
(körler gündüzlerini gece derler)
so he encouraged everyone to go back to sleep
Bu yüzden herkesi tekrar uyumaya teşvik etti

He asked Nunez if he knew how to sleep
Nunez'e nasıl uyuyacağını bilip bilmediğini sordu
Nunez said he did know how to sleep
Nunez, nasıl uyuyacağını bildiğini söyledi
but that before sleep he wanted food
ama uyumadan önce yemek istediğini
They brought him some of their food
Ona yiyeceklerinin bir kısmını getirdiler
llama's milk in a bowl and rough salted bread
Bir kasede lamanın sütü ve kaba tuzlu ekmek
and they led him into a lonely place
ve onu yalnız bir yere götürdüler
so that he could eat out of their hearing
böylece onların işitmelerinden yemek yiyebildi
afterwards he was allowed to slumber
Daha sonra uyumasına izin verildi
until the chill of the mountain evening roused them
ta ki dağ akşamının soğuğu onları uyandırana kadar
and then they would begin their day again
ve sonra güne tekrar başlayacaklardı
But Nunez slumbered not at all
Ama Nunez hiç uyumadı

Instead, he sat up in the place where they had left him
Bunun yerine, onu bıraktıkları yere oturdu
he rested his limbs, still sore from the fall
Uzuvlarını dinlendirdi, hala düşüşten dolayı ağrıyordu
and he turned everything over and over in his mind
ve zihnindeki her şeyi tekrar tekrar çevirdi
the unanticipated circumstances of his arrival
gelişinin beklenmedik koşulları
Every now and then he laughed
Arada sırada gülüyordu
sometimes with amusement, and sometimes with indignation
bazen eğlenceyle, bazen öfkeyle
"Unformed mind!" he said, "Got no senses yet!"
"Biçimlenmemiş zihin!" dedi, "Henüz duyularım yok!"
"little do they know what they're saying!"
"Ne dediklerini çok az biliyorlar!"
"they've been insulting their Heaven-sent King and master"
"Cennetten Gönderilen Krallarına ve efendilerine hakaret ediyorlardı"
"I see I must bring them to reason"
"Onları akla getirmem gerektiğini görüyorum"
"Let me think about this..."
"Bunu bir düşüneyim..."
He was still thinking when the sun set
Güneş battığında hala düşünüyordu

Nunez had an eye for all beautiful things
Nunez'in tüm güzel şeyler için bir gözü vardı
he saw the glow upon the snow-fields and glaciers
Kar tarlalarının ve buzulların üzerindeki parıltıyı gördü
on the mountains that rose about the valley on every side
her tarafta vadinin etrafında yükselen dağlarda
it was the most beautiful thing he had ever seen
gördüğü en güzel şeydi
His eyes went over the inaccessible glory to the village

Gözleri köyün erişilmez ihtişamının üzerinden geçti
he looked over irrigated fields sinking into the twilight
alacakaranlıkta batan sulanan tarlalara baktı
suddenly a wave of emotion hit him
Aniden bir duygu dalgası ona çarptı
he thanked God from the bottom of his heart
Tanrı'ya yüreğinin derinliklerinden şükretti
"thank you for the power of sight you have given me"
"Bana verdiğin görme gücü için teşekkür ederim"

He heard a voice calling to him
Ona seslenen bir ses duydu
it was coming from the village
köyden geliyordu
"ahoi-hoi, Bogota! Come hither!"
"Ahoi-hoi, Bogota! Buraya kadar gel!"
At that he stood up, smiling
Bunun üzerine ayağa kalktı, gülümseyerek
He would show these people once and for all!
Bu insanlara bir kez ve sonsuza dek gösterecekti!
"they will learn what sight can do for a man!"
"Görmenin bir insan için neler yapabileceğini öğrenecekler!"
"I shall make them seek me"
"Beni aramalarını sağlayacağım"
"but they shall not be able to find me"
"Ama beni bulamayacaklar"
"You move not, Bogota," said the voice
"Hareket etmiyorsun, Bogota," dedi ses
at this he laughed, without making a noise
Buna ses çıkarmadan güldü
he made two stealthy steps from the path
Yoldan iki gizli adım attı
"Trample not on the grass, Bogota"
"Çimlerin üzerinde değil, Bogota'yı çiğneyin"
"wondering off the path is not allowed"
"Yoldan çıkmayı merak etmek yasaktır"

Nunez had scarcely heard the sound he made himself
Nunez, kendi çıkardığı sesi neredeyse hiç duymamıştı
He stopped where he was, amazed
Olduğu yerde durdu, hayretler içinde kaldı
the owner of the voice came running up the path
Sesin sahibi koşarak geldi
and he stepped back into the pathway
ve patikaya geri adım attı
"Here I am," he said
"İşte buradayım," dedi
the blind man was not impressed with Nunez's antics
Kör adam Nunez'in antikalarından etkilenmedi
"Why did you not come when I called you?"
"Seni aradığımda neden gelmedin?"
"Must you be led like a child?"
"Bir çocuk gibi yönlendirilmeli misin?"
"Cannot you hear the path as you walk?"
"Yürürken yolu duyamıyor musun?"
Nunez laughed at the ridiculous questions
Nunez gülünç sorulara güldü
"I can see it," he said
"Bunu görebiliyorum," dedi
the blind man paused for a moment
Kör adam bir an duraksadı
"There is no such word as see"
"Görmek diye bir kelime yok"
"Cease this folly and follow the sound of my feet"
"Bu çılgınlığı durdur ve ayaklarımın sesini takip et"
Nunez followed the blind man, a little annoyed
Nunez kör adamı takip etti, biraz sinirlendi
"My time will come," he said to himself
"Benim zamanım gelecek," dedi kendi kendine
"You'll learn," the blind man answered
"Öğreneceksin," diye yanıtladı kör adam
"There is much to learn in the world"
"Dünyada öğrenilecek çok şey var"

"Has no one told you?" asked Nunez
"Kimse sana söylemedi mi?" diye sordu Nunez
"In the Country of the Blind the One-Eyed Man is King"
"Körler Ülkesinde Tek Gözlü Adam Kraldır"
"What is blind?" asked the blind man, over his shoulder
"Kör nedir?" diye sordu kör adam, omzunun üstünden

by now four days had passed
şimdiye kadar dört gün geçmişti
even on the fifth day nothing had changed
beşinci günde bile hiçbir şey değişmemişti
the King of the Blind was still incognito
Körlerin Kralı hala gizliydi
he was still a clumsy and useless stranger among his subjects
tebaası arasında hâlâ beceriksiz ve işe yaramaz bir yabancıydı
he found it all much more difficult than he thought
Her şeyi düşündüğünden çok daha zor buldu
how could he proclaim himself king to these blind people??
Bu kör insanlara kendini nasıl kral ilan edebilirdi?
he was left to meditated his coup d'etat
darbesini meditasyon yapmak için bırakıldı
in the meantime he did what he was told
bu arada kendisine söyleneni yaptı
he learnt the manners and customs of the Country of the Blind
Körler Ülkesi'nin gelenek ve göreneklerini öğrendi
working at night he found particularly irksome
geceleri çalışmak özellikle rahatsız edici buluyordu
this was going to be the first thing he changed
bu onun değiştirdiği ilk şey olacaktı
They led a simple and laborious life
Basit ve zahmetli bir hayat sürdüler
but they had all the elements of virtue and happiness
ama erdem ve mutluluğun tüm unsurlarına sahiplerdi
They toiled, but not oppressively

Çalıştılar, ama baskıcı bir şekilde değil
they had food and clothing sufficient for their needs
İhtiyaçları için yeterli yiyecek ve giyeceklere sahiptiler
they had days and seasons of rest
Dinlenme günleri ve mevsimleri vardı
they enjoyed music and singing
Müzikten ve şarkı söylemekten zevk aldılar
there was love among them
aralarında aşk vardı
and there were little children
ve küçük çocuklar vardı
It was marvellous to see their confidence and precision
Onların güvenini ve hassasiyetini görmek muhteşemdi
they went about their ordered world efficiently
Düzenli dünyalarını verimli bir şekilde sürdürdüler
Everything had been made to fit their needs
Her şey onların ihtiyaçlarına uyacak şekilde yapılmıştı
each paths had a constant angle to the other
her yolun diğerine sabit bir açısı vardı
each kerb was distinguished by a special notch
Her kaldırım özel bir çentik ile ayırt edildi
all obstacles and irregularities had been cleared away
tüm engeller ve usulsüzlükler ortadan kaldırılmıştı
all their methods arose naturally from their special needs
Tüm yöntemleri doğal olarak özel ihtiyaçlarından kaynaklanıyordu
and their procedures made sense to their abilities
ve prosedürleri yetenekleri için anlamlıydı
their senses had become marvellously acute
duyuları olağanüstü derecede keskinleşmişti
they could hear and judge the slightest gesture
en ufak bir jesti duyabiliyor ve yargılayabiliyorlardı
even if the man was a dozen paces away
adam bir düzine adım uzakta olsa bile
they could hear the very beating of his heart
kalbinin atışını duyabiliyorlardı

Intonation and touch had long replaced expression and gesture
Tonlama ve dokunma uzun zamandır ifade ve jestin yerini almıştı
they were handy with the hoe and spade
çapa ve kürek ile kullanışlıydılar
and they moved as free and confident as any gardener
ve herhangi bir bahçıvan kadar özgür ve kendinden emin hareket ettiler
Their sense of smell was extraordinarily fine
Koku alma duyuları olağanüstü derecede iyiydi
they could distinguish individual differences as quickly as a dog can
Bireysel farklılıkları bir köpeğin yapabildiği kadar çabuk ayırt edebilirler
and they went about the tending of llamas with ease and confidence
ve lamalara kolaylıkla ve güvenle bakmaya başladılar

a day came Nunez sought to assert himself
Bir gün geldi Nunez kendini kanıtlamaya çalıştı
but he quickly realized his underestimation
ama küçümsemesini çabucak fark etti
and he learned how confident their movements could be
ve hareketlerinin ne kadar kendinden emin olabileceğini öğrendi
he rebelled only after he had tried persuasion
ancak ikna etmeye çalıştıktan sonra isyan etti
on several occasions he had tried to tell them of sight
birkaç kez onlara görme duyusunu anlatmaya çalışmıştı
"Look you here, you people," he said
"Buraya bakın, siz insanlar," dedi
"There are things you people do not understand in me"
"Siz insanların bende anlamadığınız şeyler var"
Once or twice one or two of them listened to him
Bir ya da iki kez bir ya da iki tanesi onu dinledi

they sat with their faces downcast
yüzleri alçaltılmış bir şekilde oturdular
their ears were turned intelligently towards him
kulakları akıllıca ona doğru çevrilmişti
and he did his best to tell them what it was to see
ve onlara görmenin ne demek olduğunu anlatmak için elinden geleni yaptı
Among his hearers was a girl
Dinleyicileri arasında bir kız vardı
her eyelids were less red and sunken
göz kapakları daha az kırmızı ve batıktı
one could almost imagine she was hiding eyes
insan neredeyse gözlerini sakladığını hayal edebiliyordu
he especially hoped to persuade her
Özellikle onu ikna etmeyi umuyordu
He spoke of the beauties of sight
Görmenin güzelliklerinden bahsetti
he spoke of watching the mountains
dağları izlemekten söz ediyordu
he told them of the sky and the sunrise
onlara gökyüzünü ve güneşin doğuşunu anlattı
and they heard him with amused incredulity
ve onu eğlenceli bir inançsızlıkla duydular
but that eventually became condemnatory
ama sonunda bu kınayıcı oldu
They told him there were no mountains at all
Ona hiç dağ olmadığını söylediler
they told him only the llamas go to the rocks
Ona sadece lamaların kayalara gittiğini söylediler
they graze their grass there at the edge
çimlerini orada kenarda otlatıyorlar
and that is the end of the world
Ve bu dünyanın sonu
from there the roof rises over the universe
oradan çatı evrenin üzerinde yükselir
only the dew and the avalanches fell from there

oradan sadece çiy ve çığ düştü
he maintained stoutly the world had neither end nor roof
Dünyanın ne sonu ne de çatısı olduğunu kararlı bir şekilde savundu
everything they thought about the world was wrong, he told them
Dünya hakkında düşündükleri her şeyin yanlış olduğunu söyledi onlara
but they said his thoughts were wicked
ama düşüncelerinin kötü olduğunu söylediler
his descriptions of sky and clouds and stars were hideous to them
gökyüzü, bulutlar ve yıldızlar hakkındaki tasvirleri onlar için iğrençti
a terrible blankness in the place of the smooth roof of the world
Dünyanın pürüzsüz çatısının yerinde korkunç bir boşluk
it was an article of faith with them
onlarla birlikte bir iman maddesiydi
they believed the cavern roof was exquisitely smooth to the touch
mağara çatısının dokunuşa zarif bir şekilde pürüzsüz olduğuna inanıyorlardı
he saw that in some manner he shocked them
Bir şekilde onları şok ettiğini gördü
and he gave up that aspect of the matter altogether
ve meselenin bu yönünden tamamen vazgeçti
instead, he tried to show them the practical value of sight
Bunun yerine, onlara görmenin pratik değerini göstermeye çalıştı

One morning he saw Pedro on path Seventeen
Bir sabah Pedro'yu On Yedi yolunda gördü
he was coming towards the central houses
Merkezi evlere doğru geliyordu
but he was still too far away for hearing or scent

ama yine de duymak ya da koklamak için çok uzaktaydı
"In a little while," he prophesied, "Pedro will be here"
"Birazdan Pedro," diye kehanet etti, "Pedro burada olacak."
An old man remarked that Pedro had no business on path Seventeen
Yaşlı bir adam, Pedro'nun On Yedi yolunda hiçbir işi olmadığını söyledi
and then, as if in confirmation, Pedro changed paths
ve sonra, sanki onaylıyormuş gibi, Pedro yollarını değiştirdi
with nimble paces he went towards the outer wall
Çevik adımlarla dış duvara doğru gitti
They mocked Nunez when Pedro did not arrive
Pedro gelmeyince Nunez'le alay ettiler
he tried to clear his character by asking Pedro
Pedro'ya sorarak karakterini temizlemeye çalıştı
but Pedro denied the allegations
ancak Pedro iddiaları reddetti
and afterwards he was hostile to him
ve daha sonra ona düşmanca davrandı

Then he convinced them to let him go
Sonra onları gitmesine izin vermeye ikna etti
"let me go up the sloping meadows to the wall"
"Eğimli çayırları duvara çıkarayım"
"let me take with me one willing individual"
"Yanıma istekli bir birey götüreyim"
"I will describe all that is happening among the houses"
"Evler arasında olup bitenleri anlatacağım"
He noted certain goings and comings
Bazı gidiş ve gelişleri not etti
but these things were not important to these people
ama bu şeyler bu insanlar için önemli değildi
they cared for what happened inside the windowless houses
penceresiz evlerin içinde neler olup bittiğini umursuyorlardı
of those things he could neither see, nor tell
Ne görebildiği ne de söyleyebildiği bu şeylerden

his attempt had failed again
girişimi yine başarısız olmuştu
they could not repress their ridicule
alaylarını bastıramadılar
and finally Nunez resorted to force
ve sonunda Nunez kuvvete başvurdu
He thought of seizing a spade
Bir kürek ele geçirmeyi düşündü
he could smite one or two of them to earth
onlardan bir ya da ikisini yeryüzüne vurabilirdi
in fair combat he could show the advantage of eyes
Adil dövüşte gözlerin avantajını gösterebilirdi
He went so far with that resolution as to seize his spade
Bu kararla o kadar ileri gitti ki, küreğini ele geçirdi
but then he discovered a new thing about himself
Ama sonra kendisi hakkında yeni bir şey keşfetti
it was impossible for him to hit a blind man in cold blood
kör bir adama soğukkanlılıkla vurması imkansızdı
holding the spade, he hesitated for a moment
Küreği tutarak bir an tereddüt etti
all of them had become aware that he had snatched up the spade
hepsi onun küreği kaptığının farkına varmışlardı
They stood alert, with their heads on one side
Başları bir tarafa dönük olarak uyanık durdular
they cautiously bent their ears towards him
Dikkatli bir şekilde kulaklarını ona doğru büktüler
and they waited for what he would do next
ve bir sonraki adımda ne yapacağını beklediler
"Put that spade down," said one
"Şu küreği yere koy," dedi biri
and he felt a sort of helpless horror
ve bir tür çaresiz dehşet hissetti
he could not come to their obedience
onların itaatine gelemedi
he thrust one backwards against a house wall

birini bir evin duvarına doğru geriye doğru itti
and he fled past him, and out of the village
ve onun yanından kaçıp köyden dışarı kaçtı
he went over one of their meadows
çayırlarından birinin üzerinden geçti
but of course he trampled grass behind him
ama tabii ki arkasındaki otları çiğnedi
he sat down by the side of one of their ways
Yollarından birinin yanına oturdu
he felt something of the buoyancy in him
içinde yüzdürme kuvvetinin bir kısmını hissetti
all men feel it in the beginning of a fight
Bütün erkekler bunu bir kavganın başlangıcında hissederler
but he felt more perplexity than anything
ama her şeyden çok şaşkınlık hissediyordu
he began to realise something else about himself
Kendisi hakkında başka bir şey fark etmeye başladı
you cannot fight happily with creatures of a different mental basis
Farklı bir zihinsel temele sahip yaratıklarla mutlu bir şekilde savaşamazsınız
Far away he saw a number of men carrying spades and sticks
Uzakta kürek ve sopa taşıyan birkaç adam gördü
they were coming out of the streets and houses
sokaklardan ve evlerden çıkıyorlardı
together they made a line across the paths
Birlikte yollar boyunca bir çizgi oluşturdular
and they line was coming towards him
ve ona doğru yaklaşıyorlardı
They advanced slowly, speaking frequently to one another
Yavaşça ilerlediler, birbirleriyle sık sık konuştular
again and again they stopped and sniff the air
Tekrar tekrar durdular ve havayı kokladılar
The first time they did this Nunez laughed
Bunu ilk yaptıklarında Nunez güldü
But afterwards he did not laugh

Ama sonrasında, gülmedi;
One found his trail in the meadow grass
Biri izini çayır çimlerinde buldu
he came stooping and feeling his way along it
eğilerek geldi ve onun boyunca yolunu hissetti
For five minutes he watched the slow extension of the line
Beş dakika boyunca hattın yavaş yavaş uzamasını izledi
his vague disposition to do something forthwith became frantic
Hemen bir şeyler yapma konusundaki belirsiz eğilimi çılgına döndü
He stood up and paced towards the wall
Ayağa kalktı ve duvara doğru ilerledi
he turned, and went back a little way
Döndü ve biraz geriye gitti
they all stood in a crescent, still and listening
hepsi bir hilalin içinde duruyorlardı, hareketsiz duruyorlardı ve dinliyorlardı
He also stood still, gripping his spade
O da hareketsiz durdu, küreğini kavradı
Should he attack them?
Onlara saldırmalı mı?
The pulse in his ears ran into a rhythm:
Kulaklarındaki nabız bir ritme girdi:
"In the Country of the Blind the One-Eyed Man is King"
"Körler Ülkesinde Tek Gözlü Adam Kraldır"
"In the Country of the Blind the One-Eyed Man is King"
"Körler Ülkesinde Tek Gözlü Adam Kraldır"
"In the Country of the Blind the One-Eyed Man is King"
"Körler Ülkesinde Tek Gözlü Adam Kraldır"
He looked back at the high and unclimbable wall
Geriye dönüp yüksek ve tırmanılmaz duvara baktı
and he looked at the approaching line of seekers
ve arayıcıların yaklaşan çizgisine baktı
others were now coming out of the street of houses too
diğerleri de artık evlerin sokağından,

"Bogota!" called one, "Where are you?"
"Bogota!" diye seslendi biri, "Neredesin?"
He gripped his spade even tighter
Küreğini daha da sıkı kavradı
and he went down the meadow towards the place of habitations
ve çayırdan aşağı inerek yerleşim yerlerine doğru gitti
where he moved they converged upon him
Hareket ettiği yerde ona yaklaştılar
"I'll hit them if they touch me," he swore
"Bana dokunurlarsa onlara vururum," diye yemin etti
"by Heaven, I will. I'll hit them"
"Vallahi, yapacağım. Onlara vuracağım"
He called aloud, "Look here you people"
Yüksek sesle seslendi, "Buraya bakın siz insanlar"
"I'm going to do what I like in this valley!"
"Bu vadide ne istersem onu yapacağım!"
"Do you hear? I'm going to do what I like"
"Duyuyor musun? Ne istersem onu yapacağım"
"and I will go where I like"
"ve istediğim yere gideceğim"
They were moving in upon him quickly
Hızla onun üzerine doğru ilerliyorlardı
they were groping at everything, yet moving rapidly
her şeye el yordamıyla bakıyorlardı, ama yine de hızla hareket ediyorlardı
It was like playing blind man's bluff
Kör adamın blöfünü oynamak gibiydi
but everyone was blindfolded except one
ama biri hariç herkesin gözleri bağlıydı
"Get hold of him!" cried one
"Onu ele geçir!" diye bağırdı biri
He realized a group of men had surrounded him
Bir grup adamın etrafını sardığını fark etti
suddenly he felt he must be active and resolute
Birdenbire aktif ve kararlı olması gerektiğini hissetti

"You people don't understand," he cried
"Siz insanlar anlamıyorsunuz," diye bağırdı
his voice was meant to be great and resolute
sesinin harika ve kararlı olması gerekiyordu
but his voice broke and carried no power
ama sesi kırıldı ve hiçbir güç taşımadı
"You are all blind and I can see"
"Hepiniz körsünüz ve ben görebiliyorum"
"Leave me alone!" he tried to command
"Beni rahat bırak!" diye emir vermeye çalıştı
"Bogota! Put down that spade and come off the grass!"
"Bogota! O küreği bırak ve çimlerden çık!"
the order was grotesque in its familiarity
Düzen aşinalığı bakımından garipti;
and it produced a gust of anger in him
ve bu onda bir öfke rüzgârı yarattı
"I'll hurt you," he said, sobbing with emotion
"Seni inciteceğim," dedi duyguyla hıçkırarak
"By Heaven, I'll hurt you! Leave me alone!"
"Vallahi, seni inciteceğim! Beni rahat bırak!"
He began to run without knowing where to run
Nereye koşacağını bilmeden koşmaya başladı
He ran away from the nearest blind man
En yakın kör adamdan kaçtı
because it was a horror to hit him
çünkü ona vurmak bir korkunçtu
He made a dash to escape from their closing ranks
Kapanış saflarından kaçmak için bir çizgi yaptı
in one place the gap was a little wider
bir yerde boşluk biraz daha genişti
the men on the sides quickly perceived what was happening
Yanlardaki adamlar neler olduğunu çabucak anladılar
they quickly rushed in to close the gap
Boşluğu kapatmak için hızla içeri girdiler
He sprang forward, and saw he would be caught
İleriye fırladı ve yakalanacağını gördü

and whoosh! the spade had struck
ve vay canına! kürek vurmuştu
He felt the soft thud of hand and arm
Elinin ve kolunun yumuşak gümbürtüsünü hissetti
and the man was down with a yell of pain
ve adam acı dolu bir çığlıkla aşağıdaydı
and he was through the gap
ve o boşluktan geçiyordu
he was close to the street of houses again
Yine evlerin sokağına yakındı
the blind men were whirling their spades and stakes
kör adamlar küreklerini ve kazıklarını döndürüyorlardı
and they were running with a new swiftness
ve yeni bir hızla koşuyorlardı
He heard steps behind him just in time
Tam zamanında arkasından adımlar duydu
a tall man was rushing towards him
uzun boylu bir adam ona doğru koşuyordu
he was swiping his spade at the sound of him
Onun sesine karşı küreğini kaydırıyordu
Nunez lost his nerve this time
Nunez bu kez sinirini kaybetti
he could not hit another blind man
başka bir kör adama vuramazdı
he hurled his spade next to his antagonist
Küreğini düşmanının yanına fırlattı
the tall man whirled about from where he heard the noise
Uzun boylu adam gürültüyü duyduğu yerden dönüp durdu
and Nunez fled, yelling as he dodged another
ve Nunez kaçtı, bir başkasından kaçarken bağırdı
He was panic-stricken by this point
Bu noktada paniğe kapıldı
almost blindly, he ran furiously to and fro
Neredeyse körü körüne öfkeyle koştu
he dodged when there was no need to dodge
kaçmaya gerek kalmadığında kaçtı

in his anxiety he tried to see every side of him at once
Endişesi içinde her yanını aynı anda görmeye çalıştı
for a moment he had fallen down
bir an için yere düşmüştü
of course the followers heard his fall
Tabii ki takipçileri onun düşüşünü duydular
he caught a glimpse of something in the circumferential wall
Çevre duvarındaki bir şeye bir bakış attı
a little gap between the wall
duvar arasında küçük bir boşluk
he set off in a wild rush for it
bunun için çılgınca bir telaşla yola çıktı
he had stumbled across the bridge
köprüden tökezlemişti
and he clambered a little along the rocks
ve kayalar boyunca biraz kıvrıldı
a surprised young llama went leaping out of sight
Şaşırmış genç bir lama gözden kayboldu
and then he lay down, sobbing for breath
ve sonra uzandı, nefes almak için hıçkırarak
And so his coup d'etat came to an end
Ve böylece darbesi sona erdi

He stayed outside the wall of the valley of the blind
Körler vadisinin duvarının dışında kaldı
for two nights and days he was without food or shelter
iki gece ve gün boyunca yiyeceksiz ve barınaksız kaldı
and he meditated upon the unexpected
ve beklenmedik şeyler üzerine meditasyon yaptı
During these meditations he repeated his motto frequently
Bu meditasyonlar sırasında sloganını sık sık tekrarladı
"In the Country of the Blind the One-Eyed Man is King"
"Körler Ülkesinde Tek Gözlü Adam Kraldır"
He thought chiefly of ways of conquering these people
Esas olarak bu insanları fethetmenin yollarını düşündü
and it grew clear that no practicable way was possible

ve uygulanabilir bir yolun mümkün olmadığı açıkça ortaya çıktı
He had brought no weapons with him
Yanında silah getirmemişti
and now it would be hard to get any
ve şimdi herhangi bir şey elde etmek zor olurdu
his civilized manner had not left him
medeni tavrı onu terk etmemişti
there was no way he could assassinate a blind man
kör bir adamı öldürmesinin hiçbir yolu yoktu
Of course, if he did that, he could dictate the terms
Tabii ki, eğer bunu yaparsa, şartları dikte edebilirdi
he could threaten them with further assassinations
onları daha fazla suikastla tehdit edebilirdi
But, sooner or later he must sleep!
Ama er ya da geç uyumak zorunda!
He tried to find food among the pine trees
Çam ağaçlarının arasında yiyecek bulmaya çalıştı
at night the frost fell over the valley
geceleri don vadinin üzerine düştü
to be comfortable he slept under pine boughs
rahat olmak için çam dallarının altında uyudu
he thought about catching a llama, if he could
Yapabilirse bir lamayı yakalamayı düşündü
perhaps he could hammer it with a stone
belki de bir taşla dövebilirdi
and then he could eat some of it
ve sonra bir kısmını yiyebilirdi
But the llamas had doubt of him
Ama lamalar ondan şüphe duyuyorlardı
they regarded him with distrustful brown eyes
ona güvensiz kahverengi gözlerle baktılar
and they spat at him when he came near
ve yaklaştığında ona tükürdüler
Fear came on him the second day
İkinci gün korku geldi

he was taken by fits of shivering
titreme nöbetleri tarafından alındı
Finally he crawled back down the wall
Sonunda sürünerek duvardan aşağı indi
and he went back into the Country of the Blind
ve Körler Ülkesi'ne geri döndü
he shouted until two blind men came out to the gate
İki kör adam kapıya çıkana kadar bağırdı
and he talked to him, negotiating his terms
ve onunla konuştu, şartlarını müzakere etti
"I had gone mad," he said
"Delirmiştim," dedi
"But I was only newly made"
"Ama ben daha yeni yapılmıştım"
They said that was better
Bunun daha iyi olduğunu söylediler
He told them he was wiser now
Onlara şimdi daha bilge olduğunu söyledi
and he repented of all he had done
ve yaptığı her şeyden tövbe etti
Then he wept without reserve
Sonra çekinmeden ağladı
because he was very weak and ill now
çünkü artık çok zayıf ve hastaydı
they took that as a favourable sign
bunu olumlu bir işaret olarak kabul ettiler
They asked him if he still thought he could see
Ona hala görebildiğini düşünüp düşünmediğini sordular
"No," he said, "That was folly"
"Hayır," dedi, "Bu aptallıktı."
"The word means nothing, less than nothing!"
"Kelime hiçbir şey ifade etmiyor, hiçbir şeyden daha az!"
They asked him what was overhead
Ona tepeden tırnağa ne olduğunu sordular
"About ten times ten the height of a man"
"Bir adamın boyunun yaklaşık on katı"

"there is a roof above the world of rock"
"Kaya dünyasının üstünde bir çatı var"
"it is very, very smooth"
"çok, çok pürüzsüz"
"So smooth, so beautifully smooth"
"Çok pürüzsüz, çok güzel pürüzsüz"
He burst again into hysterical tears
Yine histerik gözyaşlarına boğuldu
"Before you ask me any more, give me some food"
"Bana daha fazla sormadan önce, bana biraz yiyecek ver"
"or else I shall die!"
"yoksa öleceğim!"
He expected dire punishments
Korkunç cezalar bekliyordu
but these blind people were capable of toleration
ama bu kör insanlar hoşgörü gösterebiliyorlardı
his rebellion was just more proof of his idiocy
İsyanı aptallığının daha fazla kanıtıydı
they hardly needed more evidence for his inferiority
aşağılığı için daha fazla kanıta ihtiyaç duymadılar
as a punishment he was whipped some
bir ceza olarak biraz kırbaçlandı
and they appointed him to do the heaviest work
ve onu en ağır işi yapması için görevlendirdiler
Nunez could see no other way of surviving
Nunez hayatta kalmanın başka bir yolunu göremedi
so he submissively did what he was told
bu yüzden itaatkar bir şekilde kendisine söyleneni yaptı
he was ill for some days
birkaç gündür hastaydı
and they nursed him kindly
ve onu nazikçe emzirdiler
that refined his submission
teslimiyetini rafine eden
but they insisted on him lying in the dark
ama karanlıkta yatması konusunda ısrar ettiler

that was a great misery to him
Bu onun için büyük bir ıstıraptı
blind philosophers came and talked to him
kör filozoflar gelip onunla konuştular
they spoke of the wicked levity of his mind
zihninin kötü anlamlılığından bahsettiler
and they retold the story of creation
ve yaratılış hikayesini yeniden anlattılar
they explained further how the world was structured
Dünyanın nasıl yapılandırıldığını daha fazla açıkladılar
and soon Nunez had doubts about what he thought he knew
ve çok geçmeden Nunez, bildiğini düşündüğü şey hakkında şüpheler edindi
perhaps he really was the victim of hallucination
belki de gerçekten halüsinasyonun kurbanıydı

and so Nunez became a citizen of the Country of the Blind
ve böylece Nunez Körler Ülkesi vatandaşı oldu
and these people ceased to be a generalised people
ve bu insanlar genelleşmiş bir halk olmaktan çıktılar
they became individualities to him
onun için bireysellik haline geldiler
and they grew familiar to him
ve ona tanıdık geldiler
the world beyond the mountains slowly faded
dağların ötesindeki dünya yavaşça soldu
more and more it became remote and unreal
giderek daha uzak ve gerçek dışı hale geldi
There was Yacob, his master
Efendisi Yacob vardı
he was a kindly man when not annoyed
Rahatsız edilmediğinde nazik bir adamdı
there was Pedro, Yacob's nephew
Yacob'un yeğeni Pedro vardı
and there was Medina-sarote
ve Medine-sarrot vardı

she was the youngest daughter of Yacob
Yacob'un en küçük kızıydı
she was little esteemed in the world of the blind
körlerin dünyasında çok az saygı görüyordu
because she had a clear-cut face
çünkü net bir yüzü vardı
and she lacked any satisfying glossy smoothness
ve tatmin edici parlak pürüzsüzlükten yoksundu
these are the blind man's ideal of feminine beauty
Bunlar kör erkeğin kadınsı güzellik idealidir
but Nunez thought her beautiful at first sight
ama Nunez ilk görüşte onun güzel olduğunu düşündü
and now she was the most beautiful thing in all the world
Ve şimdi o tüm dünyadaki en güzel şeydi
her features were not common in the valley
özellikleri vadide yaygın değildi
her closed eyelids were not sunken and red
kapalı göz kapakları batık ve kırmızı değildi
but they lay as though they might open again at any moment
ama her an tekrar açılabilecekmiş gibi uzanıyorlardı
she had long eyelashes, which were considered a grave disfigurement
Ciddi bir şekil bozukluğu olarak kabul edilen uzun kirpikleri vardı
and her voice was weak compared to the others
ve sesi diğerlerine göre zayıftı
so it did not satisfy the acute hearing of the young men
bu yüzden genç erkeklerin akut işitmesini tatmin etmedi
And so she had no lover
Ve bu yüzden sevgilisi yoktu
Nunez thought a lot about Medina-sarote
Nunez, Medine-sarote hakkında çok düşündü
he thought perhaps he could win her
belki de onu kazanabileceğini düşündü
and then he would be resigned to live in the valley
ve sonra vadide yaşamak için istifa edecekti

he could be happy for the rest of his days
günlerinin geri kalanında mutlu olabilirdi
he watched her whenever he could
Elinden geldiğince onu izledi
and he found opportunities of doing her little services
ve ona küçük hizmetleri yapma fırsatı buldu
he also found that she observed him
Ayrıca onu gözlemlediğini de buldu
Once at a rest-day gathering he noticed it
Bir dinlenme günü toplantısında bunu fark etti
they sat side by side in the dim starlight
loş yıldız ışığında yan yana oturdular
the music was sweet and his hand came upon hers
Müzik tatlıydı ve eli onun üzerine geldi
and he dared to clasp her hand
ve elini sıkmaya cesaret etti
Then, very tenderly, she returned his pressure
Sonra, çok şefkatle, baskısını geri verdi
And one day they were at their meal in the darkness
Ve bir gün karanlıkta yemeklerini yitirdiler
he felt her hand very softly seeking him
Elinin onu aradığını çok yumuşak bir şekilde hissetti
as it chanced, the fire leapt just at that moment
şans eseri, ateş tam o anda sıçradı
and he saw the tenderness in her
ve ondaki hassasiyeti gördü
He sought to speak to her
Onunla konuşmaya çalıştı
He went to her one day when she was sitting
Bir gün otururken yanına gitti
she was in the summer moonlight, weaving
Yaz ay ışığındaydı, dokumacılık yapıyordu
The light made her a thing of silver and mystery
Işık onu gümüş ve gizemli bir şey haline getirdi
He sat down at her feet
Ayaklarının dibine oturdu

and he told her he loved her
ve ona onu sevdiğini söyledi
and he told her how beautiful she seemed to him
ve ona ne kadar güzel göründüğünü söyledi
He had a lover's voice
Bir sevgilisinin sesi vardı
he spoke with a tender reverence that came near to awe
huşu duymaya yaklaşan şefkatli bir saygıyla konuştu
she had never before been touched by adoration
daha önce hiç hayranlıktan etkilenmemişti
She made him no definite answer
Ona kesin bir cevap vermedi
but it was clear his words pleased her
ama sözlerinin onu memnun ettiği açıktı
After that he talked to her whenever he could
Ondan sonra her fırsatta onunla konuştu
the valley became the world for him
Vadi onun için dünya oldu
the world beyond the mountains seemed no more than a fairy tale
Dağların ötesindeki dünya bir peri masalından başka bir şey değildi
perhaps one day he could tell her of these stories
belki bir gün ona bu hikayeleri anlatabilirdi
Very tentatively and timidly, he spoke to her of sight
Çok belirsiz ve çekingen bir şekilde, onunla görme hakkında konuştu
sight seemed to her the most poetical of fancies
Görme ona fantezilerin en şiirsel olanı gibi görünüyordu
she attentively listened to his description
Açıklamasını dikkatle dinledi
he told her of the stars and the mountains
Ona yıldızlardan ve dağlardan bahsetti
and he praised her sweet white-lit beauty
ve onun tatlı beyaz ışıklı güzelliğini övdü
She did not believe what he was saying

Söylediklerine inanmadı
and she could only half understand what he meant
ve ne demek istediğini ancak yarı yarıya anlayabiliyordu
but she was mysteriously delighted
ama gizemli bir şekilde sevinmişti
and it seemed to him that she completely understood
ve ona tamamen anladığı görülüyordu

His love lost its awe and took courage
Aşkı huşusunu kaybetti ve cesaret aldı
He wanted to ask the elders for her hand in marriage
Yaşlılardan evlilikte elini istemek istedi
but she became fearful and delayed
ama korktu ve gecikti
it was one of her elder sisters who first told Yacob
Yacob'a ilk söyleyen ablalarından biriydi
she told him that Medina-sarote and Nunez were in love
ona Medine-sarote ve Nunez'in aşık olduklarını söyledi
There was very great opposition to the marriage
Evliliğe karşı çok büyük bir muhalefet vardı
the objection wasn't because they valued her
İtiraz, ona değer verdikleri için değildi
but they objected because they thought of him as different
ama itiraz ettiler çünkü onu farklı olarak düşünüyorlardı
he was still an idiot and incompetent thing for them
onlar için hala aptal ve beceriksiz bir şeydi
they classed him below the permissible level of a man
onu bir insanın izin verilen seviyesinin altında sınıflandırdılar
Her sisters opposed the marriage bitterly
Kız kardeşleri evliliğe şiddetle karşı çıktılar
they feared it would bring discredit on them all
bunun hepsine itibarsızlık getireceğinden korkuyorlardı
old Yacob had formed a sort of liking for Nunez
Yaşlı Yacob, Nunez'den bir tür hoşlanmaya başlamıştı
he was his nice, but clumsy and obedient serf
Onun hoş ama beceriksiz ve itaatkar serfiydi

but he shook his head at the proposal
ama teklife başını salladı
and he said the thing could not be
ve o şeyin olamayacağını söyledi
The young men were all angry
Genç adamların hepsi öfkeliydi
they did not like the idea of corrupting the race
ırkı yozlaştırma fikrinden hoşlanmadılar
and one went so far as to strike Nunez
ve biri Nunez'e saldıracak kadar ileri gitti
but Nunez struck back at the man
ama Nunez adama karşılık verdi
Then, for the first time, he found an advantage in seeing
Sonra, ilk kez, görmenin bir avantajını buldu
even by twilight he could fight better than the blind man
alacakaranlıkta bile kör adamdan daha iyi savaşabilirdi
after that fight was over a new order had been established
Bu kavga bittikten sonra yeni bir düzen kurulmuştu
no one ever thought of raising a hand against him again
Kimse bir daha ona karşı el kaldırmayı düşünmedi
but they still found his marriage impossible
ama yine de evliliğini imkansız buldular
Old Yacob had a tenderness for his last little daughter
Yaşlı Yacob'un son küçük kızına karşı bir hassasiyeti vardı
he was grieved to have her weep upon his shoulder
Onun omzunda ağlamasına üzüldü
"You see, my dear, he's an idiot"
"Görüyorsun, sevgilim, o bir aptal."
"He has delusions about the world"
"Dünya hakkında sanrıları var"
"there isn't anything he can do right"
"Doğru yapabileceği hiçbir şey yok"
"I know," wept Medina-sarote
"Biliyorum," diye ağladı Medine-sarote
"But he's better than he was"
"Ama o olduğundan daha iyi"

"for all his trying he's getting better"
"Tüm çabalarına rağmen daha iyi oluyor"
"And he is strong and kind to me"
"Ve o bana karşı güçlü ve nazik"
"stronger and kinder than any other man in the world"
"Dünyadaki diğer erkeklerden daha güçlü ve nazik"
"And he loves me. And, father, I love him"
"Ve o beni seviyor. Ve baba, onu seviyorum."
Old Yacob was greatly distressed to find her inconsolable
Yaşlı Yacob onu teselli edilemez bulduğu için çok üzüldü
what made it more distressing is he liked Nunez for many things
Bunu daha da üzücü kılan şey, Nunez'i birçok şey için sevmesiydi
So he went and sat in the windowless council-chamber
Bu yüzden gitti ve penceresiz meclis odasına oturdu
he watched the other elders and the trend of the talk
Diğer yaşlıları ve konuşmanın eğilimini izledi
at the proper time he raised his voice
uygun zamanda sesini yükseltti
"He's better than he was when he came to us"
"Bize geldiğinde olduğundan daha iyi"
"Very likely, some day, we shall find him as sane as ourselves"
"Büyük olasılıkla, bir gün, onu da kendimiz kadar aklı başında bulacağız."
one of the elders thought deeply about the problem
Yaşlılardan biri sorun hakkında derin derin düşündü
He was a great doctor among these people
Bu insanlar arasında büyük bir doktordu
he had a very philosophical and inventive mind
Çok felsefi ve yaratıcı bir zihni vardı
the idea of curing Nunez of his peculiarities appealed to him
Nunez'i kendine özgü özelliklerinden iyileştirme fikri ona çekici geldi
another day Yacob was present at another meeting

başka bir gün Yacob başka bir toplantıda hazır bulundu
the great doctor returned to the topic of Nunez
Büyük doktor Nunez konusuna geri döndü
"I have examined Nunez," he said
"Nunez'i inceledim," dedi
"and the case is clearer to me"
"Ve dava benim için daha açık"
"I think very probably he might be cured"
"Sanırım büyük olasılıkla iyileşebilir"
"This is what I have always hoped," said old Yacob
"Her zaman umduğum şey buydu," dedi yaşlı Yacob
"His brain is affected," said the blind doctor
"Beyni etkilenmiş," dedi kör doktor
The elders murmured in agreement
Yaşlılar aynı fikirde mırıldandılar
"Now, what affects it?" asked the doctor
"Şimdi, onu ne etkiler?" diye sordu doktor
"This," said the doctor, answering his own question
"Bu," dedi doktor, kendi sorusunu yanıtlarken
"Those queer things that are called the eyes"
"Gözler denilen o tuhaf şeyler"
"they exist to make an agreeable indentation in the face"
"Yüzünde hoş bir girinti yapmak için varlar"
"the eyes are diseased, in the case of Nunez"
"Nunez durumunda gözler hastalıklı"
"in such a way that it affects his brain"
"beynini etkileyecek şekilde"
"his eyes bulge out of his face"
"gözleri yüzünden dışarı doğru şişiyor"
"he has eyelashes, and his eyelids move"
"Kirpikleri var ve göz kapakları hareket ediyor"
"consequently, his brain is in a state of constant irritation"
"Sonuç olarak, beyni sürekli tahriş halindedir"
"and so, everything is a distraction to him"
"Ve böylece, her şey onun için bir dikkat dağıtıcıdır."
Yacob listened intently at what the doctor was saying

Yacob, doktorun söylediklerini dikkatle dinledi
"I think I may say with reasonable certainty that there is a cure"
"Sanırım makul bir kesinlikle bir tedavi olduğunu söyleyebilirim"
"all we need to do is a simple and easy surgical operation"
"Tek yapmamız gereken basit ve kolay bir cerrahi operasyon"
"all this involves is removing the irritant eyes"
"Bütün bunlar tahriş edici gözlerin çıkarılmasıdır"
"And then he will be sane?"
"Ve o zaman aklı başında mı olacak?"
"Then he will be perfectly sane"
"O zaman tamamen aklı başında olacak"
"and he'll be a quite admirable citizen"
"Ve oldukça takdire şayan bir vatandaş olacak"
"Thank Heaven for science!" said old Yacob
"Bilim için Tanrı'ya şükürler olsun!" dedi yaşlı Yacob
and he went forth at once to tell Nunez of the good news
ve hemen Nunez'e iyi haberi vermek için dışarı çıktı
But Nunez wasn't quite as enthusiastic about the idea
Ancak Nunez bu fikir konusunda o kadar da hevesli değildi
he received the news with coldness and disappointment
haberi soğukluk ve hayal kırıklığı ile aldı
"the tone of your voice does not inspire confidence"
"Sesinizin tonu güven telkin etmiyor"
"one might think you do not care for my daughter"
"İnsan kızımı umursamadığını düşünebilir"

It was Medina who persuaded Nunez to face the blind surgeons
Nunez'i kör cerrahlarla yüzleşmeye ikna eden Medine'ydi
"You do not want me," he said, "to lose my gift of sight?"
"Görme yeteneğimi kaybetmemi istemiyor musun?" dedi.
She shook her head
Başını salladı
"My world is sight"

"Benim dünyam görme"
Her head drooped lower
Başı aşağı doğru sarkmıştı
"There are the beautiful things"
"Güzel şeyler var"
"the world is full of beautiful little things"
"Dünya güzel küçük şeylerle dolu"
"the flowers and the lichens amidst the rocks"
"kayaların ortasındaki çiçekler ve likenler"
"the light and softness on a piece of fur"
"Bir kürk parçasındaki ışık ve yumuşaklık"
"the far sky with its drifting dawn of clouds"
"bulutların sürüklenen şafağıyla uzak gökyüzü"
"the sunsets and the stars"
"Gün Batımları ve Yıldızlar"
"And there is you"
"Ve sen varsın"
"For you alone it is good to have sight"
"Sadece senin için görme yeteneğine sahip olmak iyidir"
"to see your sweet, serene face sight is good"
"Tatlı, sakin yüz görüşünüzü görmek güzel"
"to see your kindly lips"
"nazik dudaklarını görmek için"
"your dear, beautiful hands folded together"
"Sevgili, güzel ellerin birbirine katlanmış"
"it is these eyes of mine you won"
"Kazandığın benim bu gözlerim"
"it is these eyes that hold me to you"
"Beni sana tutan bu gözlerdir"
"but it is these eyes that those idiots seek"
"Ama bu aptalların aradığı bu gözlerdir."
"Instead, I must touch you"
"Bunun yerine, sana dokunmalıyım"
"I would hear you, but never see you again"
"Seni duyardım ama seni bir daha asla göremezdim"
"must I come under that roof of rock and stone and

darkness?"
"O kaya, taş ve karanlık çatısının altına girmeli miyim?"
"that horrible roof under which your imaginations stoop"
"hayal gücünüzün altında durduğu o korkunç çatı"
"no; you would not have me do that?"
"hayır; bunu bana yaptırmaz mısın?"
A disagreeable doubt had arisen in him
İçinde hoş olmayan bir şüphe ortaya çıkmıştı
He stopped and left the thing in question
Durdu ve söz konusu şeyi bıraktı
she said, "I wish sometimes you would not talk like that"
"Keşke bazen böyle konuşmasaydınız" dedi.
"talk like what?" asked Nunez
"Ne gibi konuş?" diye sordu Nunez
"I know your sight is pretty"
"Görüşünün güzel olduğunu biliyorum"
"It is your imagination"
"Bu senin hayal gücün"
"I love it, but now..."
"Onu seviyorum, ama şimdi..."
He felt cold at the gravity of her words
Sözlerinin ciddiyeti karşısında üşüdü
"Now?" he said, faintly
"Şimdi?" dedi hafifçe
She sat quite still without saying anything
Hiçbir şey söylemeden oldukça hareketsiz oturdu
"you think, I would be better without my eyes?"
"Sence gözlerim olmadan daha iyi olurdum?"
He was realising things very swiftly
Her şeyi çok hızlı bir şekilde fark ediyordu
He felt anger at the dull course of fate
Kaderin sıkıcı gidişatına öfke duyuyordu
but he also felt sympathy for her lack of understanding
ama aynı zamanda anlayış eksikliğine de sempati duyuyordu
but his sympathy for her was akin to pity
ama ona olan sempatisi acımaya benziyordu

"Dear," he said to his love
"Sevgilim," dedi aşkına
her spirit pressed against the things she could not say
ruhu söyleyemediği şeylere karşı bastırdı
He put his arms about her and he kissed her ear
Kollarını onun etrafına koydu ve kulağını öptü
and they sat for a time in silence
ve bir süre sessizce oturdular
"If I were to consent to this?" he said at last
"Eğer buna razı olsaydım?" dedi sonunda
in a voice that was very gentle
çok nazik bir sesle
She flung her arms about him, weeping wildly
Kollarını onun etrafında salladı, çılgınca ağladı
"Oh, if you would do that," she sobbed
"Ah, eğer bunu yaparsan," diye hıçkırdı
"if only you would do that one thing!"
"Keşke o tek şeyi yapabilseydin!"

Nunez knew nothing of sleep in the week before the operation
Nunez, ameliyattan önceki hafta uyku hakkında hiçbir şey bilmiyordu
the operation that was to raise him from his servitude and inferiority
onu kulluğundan ve aşağılığından yükseltme operasyonu;
the operation that was to raise him to the level of a blind citizen
onu kör bir vatandaş seviyesine yükseltmek için yapılan operasyon
while the others slumbered happily, he sat brooding
Diğerleri mutlu bir şekilde uyurken, o kuluçkaya yatarak oturdu
all through the warm, sunlit hours he wandered aimlessly
Sıcak, güneşli saatler boyunca amaçsızca dolaştı
and he tried to bring his mind to bear on his dilemma

ve aklını ikilemine dayandırmaya çalıştı
He had given his answer and his consent
Cevabını ve rızasını vermişti
and still he was not sure if it was right
ve yine de doğru olup olmadığından emin değildi
the sun rose in splendour over the golden crests
Güneş altın tepelerin üzerinde ihtişamla doğdu
his last day of vision had began for him
Görüşünün son günü onun için başlamıştı
He had a few minutes with Medina-sarote before she went to sleep
Uyumadan önce Medine-sarote'yle birkaç dakika geçirdi
"Tomorrow," he said, "I shall see no more"
"Yarın," dedi, "artık görmeyeceğim."
"Dear heart!" she answered
"Sevgili kalbim!" diye yanıtladı
and she pressed his hands with all her strength
ve tüm gücüyle ellerini bastırdı
"They will hurt you, but little"
"Seni incitecekler, ama az"
"you are going to get through this pain"
"Bu acıyı atlatacaksın"
"you are going through it, dear lover, for me"
"Benim için içinden geçiyorsun, sevgili sevgilim"
"if a woman's heart and life can do it, I will repay you"
"Bir kadının kalbi ve hayatı bunu yapabilirse, sana geri ödeyeceğim"
"My dearest one," she said in a tender voice, "I will repay"
"Sevgilim," dedi şefkatli bir sesle, "geri ödeyeceğim"
He was drenched in pity for himself and her
Kendisine ve ona acımaktan sırılsıklam olmuştu
He held her in his arms and pressed his lips to hers
Onu kollarında tuttu ve dudaklarını onunkine bastırdı
and he admired her sweet face for the last time
ve onun tatlı yüzüne son kez hayran kaldı
"Good-bye!" he whispered to the dear sight of her

"Güle güle!" diye fısıldadı sevgili bakışına
And then in silence he turned away from her
Ve sonra sessizce ondan uzaklaştı
She could hear his slow retreating footsteps
Yavaş yavaş geri çekilen ayak seslerini duyabiliyordu
something in the rhythm of his footsteps threw her into a passion of weeping
ayak seslerinin ritmindeki bir şey onu ağlama tutkusuna attı

He had fully meant to go to a lonely place
Tamamen yalnız bir yere gitmek istiyordu
to the meadows with the beautiful white narcissus
güzel beyaz nergis ile çayırlara
there he wanted remain until the hour of his sacrifice
Orada kurban saatine kadar kalmak istedi
but as he walked he lifted up his eyes
ama yürürken gözlerini kaldırdı
and he saw the morning with his sight
ve sabahı görüşüyle gördü
it was like an angel shining in golden armour
Altın zırhla parlayan bir melek gibiydi
he truly did love Medina-sarote
Medine-sarote'yi gerçekten seviyordu
he was prepared to give up his sight for her
Onun için görüşünü bırakmaya hazırdı
he was going to live the rest of his life in the valley
Hayatının geri kalanını vadide yaşayacaktı
the angel marched down the steeps of the meadows
Melek çayırların sarplarından aşağı yürüdü
and it bathed everything in its golden light
ve her şeyi altın ışığında yıkadı
without any notice something in him changed
hiçbir şey fark etmeden içinde bir şeyler değişti
the country of the blind was no more than a pit of sin
körlerin ülkesi bir günah çukurundan başka bir şey değildi
He did not turn aside as he had meant to do

Yapmak istediği gibi bir kenara dönmedi
but he went on and passed through the wall
ama o devam etti ve duvardan geçti
from there he went out upon the rocks
oradan kayaların üzerine çıktı
his eyes were upon the sunlit ice and snow
Gözleri güneşli buz ve karın üzerindeydi
he saw their infinite beauty
Onların sonsuz güzelliğini gördü
his imagination soared over the peaks
hayal gücü zirvelerin üzerinde yükseldi
his thoughts went to the world he wouldn't see again
Düşünceleri bir daha göremeyeceği dünyaya gitti
he thought of that great free world
O büyük özgür dünyayı düşündü
the world that he was prepared to part from
ayrılmaya hazır olduğu dünya
the world that was his own
Kendisine ait olan dünya
and he had a vision of those further slopes
ve bu diğer yamaçlara dair bir vizyonu vardı
his mind took him through the valleys he had come from
Zihni onu geldiği vadilere götürdü
he went along the river into the city
nehir boyunca şehre gitti
in his mind he could see Bogota
zihninde Bogota'yı görebiliyordu
his imagination carried him through the city
hayal gücü onu şehrin içine taşıdı
a place of multitudinous stirring beauty
çok sayıda heyecan verici güzelliğin olduğu bir yer
a glory by day, a luminous mystery by night
gündüz bir ihtişam, gece parlak bir gizem
a place of palaces and fountains
sarayların ve çeşmelerin yeri
a place of statues and white houses

heykellerin ve beyaz evlerin bulunduğu bir yer
his mind went with him out the city
aklı onunla birlikte şehir dışına çıktı
he followed the journey of a river
Bir nehrin yolculuğunu takip etti
the river went through the villages and forests
nehir köylerden ve ormanlardan geçiyordu
a big steamer came splashing by
büyük bir vapur sıçrayarak geldi
the banks of the river opened up into the sea
nehrin kıyıları denize açıldı
the limitless sea with its thousands of islands
binlerce adasıyla sınırsız deniz
he could see the lights of the islands and the ships
Adaların ve gemilerin ışıklarını görebiliyordu
life continued on each little island
Her küçük adada hayat devam etti
and he thought about that greater world
Ve o daha büyük dünyayı düşündü
he looked up and saw the infinite sky
Yukarı baktı ve sonsuz gökyüzünü gördü
it was not like the sky in the valley of the blind
körler vadisindeki gökyüzü gibi değildi
a small disk cut off by mountains
dağlar tarafından kesilmiş küçük bir disk
but, an arch of immeasurably deep blue
ama, ölçülemez derecede derin mavi bir kemer
and in this he saw the circling of the stars
ve bunda yıldızların etrafında döndüğünü gördü
His eyes began to scrutinise the circle of mountains
Gözleri dağların çemberini incelemeye başladı
he looked at it a little keener than he had before
Ona öncekinden biraz daha keskin baktı
"perhaps one could go up that gully"
"Belki biri o derede yukarı çıkabilir"
"from there one could get to that peak"

"Oradan o zirveye ulaşılabilir"
"then one might come out among those pine trees"
"O zaman o çam ağaçlarının arasından biri çıkabilir."
"the slope past the pines might not be so steep"
"Çamların yanından geçen yamaç o kadar dik olmayabilir"
"and then perhaps that wallface can be climbed"
"Ve sonra belki de o duvar yüzüne tırmanılabilir."
"where the snow starts there will be a river"
"Kar nerede başlarsa orada bir nehir olacak"
"from there there should be a path"
"oradan bir yol olmalı"
"and if that route fails, to the East are other gaps"
"ve eğer bu rota başarısız olursa, Doğu'ya başka boşluklar var"
"one would just need a little good fortune"
"Birinin sadece biraz iyi bir servete ihtiyacı var"
He glanced back at the village
Tekrar köye baktı
but he had to look at it once more
Ama bir kez daha bakmak zorunda kaldı
he looked down into the country of the blind
körlerin ülkesine baktı
he thought of Medina-sarote, asleep in her hut
kulübesinde uyuyan Medine-sarote'yi düşündü
but she had become small and remote to him
ama kadın ona karşı küçük ve uzak bir hale gelmişti
he turned again towards the mountain wall
Tekrar dağ duvarına doğru döndü
the wall down which he had come down that day
O gün yıktığı duvar
then, very circumspectly, he began his climb
Sonra, çok ihtiyatlı bir şekilde, tırmanışına başladı
When sunset came he was no longer climbing
Gün batımı geldiğinde artık tırmanmıyordu
but he was far and high up the valley
ama vadinin çok yukarısındaydı
His clothes were torn and his limbs were bloodstained

Giysileri yırtılmış ve uzuvları kan lekeliydi
he was bruised in many places
birçok yerde morarmıştı
but he lay as if he were at his ease
ama sanki rahatmış gibi yatıyordu
and there was a smile on his face
ve yüzünde bir gülümseme vardı
From where he rested the valley seemed as if it were in a pit
Dinlendiği yerden vadi sanki bir çukurdaymış gibi görünüyordu
now it was nearly a mile below him
şimdi neredeyse bir mil aşağıdaydı
the pit was already dim with haze and shadow
çukur zaten pus ve gölge ile loştu
the mountain summits around him were things of light and fire
Etrafındaki dağ zirveleri ışık ve ateşten ibaret şeylerdi
the little things in the rocks were drenched with light and beauty
Kayalardaki küçük şeyler ışık ve güzellikle ıslanmıştı
a vein of green mineral piercing the grey
griyi delen yeşil mineral bir damar
a flash of small crystal here and there
burada ve orada küçük bir kristal parıltısı
a minutely-beautiful orange light close to his face
yüzüne yakın bir dakika güzelliğinde turuncu bir ışık
There were deep, mysterious shadows in the gorge
Geçitte derin, gizemli gölgeler vardı
blue deepened into purple, and purple into a luminous darkness
mavi mora derinleşti ve mor aydınlık bir karanlığa dönüştü
over him was the endless vastness of the sky
Onun üzerinde gökyüzünün sonsuz enginliği vardı
but he heeded these things no longer
ama artık bunlara aldırış etmiyordu
instead, he laid very still there

bunun yerine, orada çok hareketsiz yatıyordu
smiling, as if he were content now
gülümseyerek, sanki şimdi memnunmuş gibi
content to have escaped from the valley of the Blind
Körler vadisinden kaçmış olmaktan memnuniyet
the valley in which he had thought to be King
Kral olduğunu düşündüğü vadi
the glow of the sunset passed
Gün batımının parıltısı geçti
and the night came with its darkness
Ve gece karanlığıyla geldi
and he lay there, under the cold, clear stars
ve orada, soğuk, berrak yıldızların altında yatıyordu

The End
Son

www.tranzlaty.com

www.ingramcontent.com/pod-product-compliance
Lightning Source LLC
Chambersburg PA
CBHW012007090526
44590CB00026B/3914